KB070525

중국 딜레마

중국 딜레마

위대함과 위태로움 사이에서,

시진핑 시대 열전

박민희 지음

한겨레출판

들어가며 **왜 중국은 이 길로 가고 있을까**   6

1부 안과 밖

시진핑 習近平 황제의 불안, 두려움의 정치   21
트럼프와의 적대적 공생   32

2부 설계자들

왕후닝 王滬寧 중국몽의 설계자   45
자오리젠 趙立堅 늑대전사의 천하체계   56
류허 劉鶴 반미 경제전쟁의 사령관   69
왕치산 王岐山 공산당과 월가 자본을 잇다   80

3부 중화의 꿈 아래에서

일함 토흐티 Ilham Tohti 중국판 테러와의 전쟁에 억눌리다   97
라힐라 다우트 Rahila Dawut '민족개조'에 휩쓸린 위구르 전통의 수호자   109
홍콩인들 벽에 갇힌 다윗들   120
한둥팡 韓東方 1989 톈안먼이 2019 홍콩에게   131
차이잉원 蔡英文 '하나의 중국'을 흔들다   145

4부 변혁의 불씨

왕취안장 王全章 우리는 법치를 요구한다   161

선멍위 沈夢雨 '중국은 과연 사회주의인가?'   170

21세기 중국의 취안타이이 全泰壹**들**   180

장잔 張展 망각을 거부하라   191

셴즈 弦子 황제에 맞서는 '언니의 힘'   205

5부 영합과 저항

인치 印奇 디지털 법가 시대, 기술은 죄가 없을까   223

마윈 馬雲 돈키호테가 되고 싶었을까   232

런정페이 任正非 첨단기술 대장정   244

런즈창 任志强 '벌거벗은 황제'를 비판하다   258

보시라이 薄熙来 숙명적 라이벌의 긴 그림자   271

참고한 책   283

왜 중국은 이 길로 가고 있을까

2011년 초 '재스민 혁명'의 물결이 중동 곳곳을 뒤흔들던 때였다. 그해 3월 6일 '모리화(재스민) 시위'가 예고되어 있던 베이징 중심가 왕푸징으로 취재를 나갔다. 온라인에서 집회 장소라고 지목된 맥도널드와 케이에프시 매장 안의 많은 손님들은 이어폰을 귀에 꽂고 계속 주변을 살피는 사복경찰들이었다. 거리의 청소부들도 눈에 띄게 깔끔한 차림으로 쓰레기도 없는 도로를 빗자루로 계속 쓸면서 행인들이 모일 수 없게 했다. 공사를 하지 않는데도 거리 한가운데를 공사장 가림막으로 막았다. 살수차들은 물청소를 할 필요가 없어 보이는 거리를 계속 돌아다녔다. 모두가 연극을 하고 있었다. 시위는 없었고 권력의 불안함만 가득했다.

2008년 베이징올림픽을 개최하고, 2010년엔 일본을 제치고 세계 2위의 경제대국이 된 중국의 자신감이 하늘을 찌를 듯 보이던 시절이었다. 중국 인터넷에 떠도는 모리화 시위를 촉구하는 글에도 불구하고, 중동을 휩쓸었던 재스민 혁명이 중국에서 일어날 가능성은 0에 가까워 보였다. 그런데도 이렇게 강한 중국은 왜 이토록 불안에 사로잡혀 있을까. 강력한 경제력과 군사력을 가진 중국공산당은 왜 이토록 작은 외침도 두려워할까? 중국에서 취재하던 4년 7개월 동안 그 답을 찾고 싶었다. 많은 지역들을 돌아다녔고, 좌·우파 지식인들, 관리들, 노동자들, 노동운동가들, 소수민족, 철거로 쫓겨나는 사람들, 저항에 나선 이들을 만나며, 중국의 고민을 들었다.

〖 지금 일어나고 있는 거대한 변화 〗

2013년 한국에 돌아온 이후 중국의 소식을 들여다볼 때마다 혼란스러웠다. 시진핑 시대 중국에선 거대한 변화가 일어났다. 시진핑 주석과 공산당 지도부가 스스로 신시대新時代임을 선언하고, 공산당과 시 주석의 권력을 계속 강화했다. 헌법을 고쳐 국가주석의 임기 제한을 폐지하고 시진핑 주석에 대한 개인 숭배 운동을 벌였다. 시 주석은 국내에서는 위기감과 함께 '중화민족의 위대한 부흥'에 대한 자신감을 강조했고, 국제적으로는 거침없고 강압적인 외교를 밀고나갔다. 2000년대 이후 중국식 신자유주의에 저항하며 힘겹게 자라난 풀뿌리 사회운동, 노동운동, 자발적인 사회변혁 움직임들을 철저하게 탄압하고, 첨단기술을 활용한 삼엄한 감시 사회를 만들어냈다. 위구르인들이 강제수용소로 끌려가고 홍콩 국가보안법이 강행되는 등 '제국'의 주변을 강제로 동화시키려 하고 있다.

'왜 시진핑 시대 중국은 이 길로 가고 있을까'라는 꽤 오래된 고민에서 이 책은 시작되었다.

1949년 중화인민공화국 건국부터 1992년 한중 수교까지의 중국은 우리가 직접 경험하지 못한 죽竹의 장막 뒤의 역사였다. 냉전 체제가 흔들리고 수교가 이루어지면서 한국은 덩샤오핑 체제의 중국과 처음 만났다. 이후 수십 년 동안 한국인들이 중국에 대해 가진 이미지는 '낙후된 나라'에서 '벼락부자의 나라'로 바뀐 듯하지만, 돈을 많이 벌 수 있는 '기회의 땅'이라는 점이 가장 중요하게 고려되었다. 그 '기회의 땅'에서 일어나는 사회적 변화에 대한 관심, 중국의 시민들과 만나고 소통하려는 노력은 그리 크지 않았다.

2016년 주한미군의 사드 배치 결정에 중국이 격하게 반발하면서 보복에 나서자, 한국 사회에서 중국에 대한 반감과 함께 두려움도 커졌다. 뒤이어 미-중이 신냉전 상황으로 나아가면서 국제질서의 지각 변동이 시작되었다. 아직 냉전의 무거운 굴레도 벗지 못한 상황에서 한반도는 신냉전의 쓰나미를 가장 가까이서 맞이하

고 있다. 이런 상황에서 중국에 대해 친중, 반중, 그리고 혐중으로
나뉜 한국 사회는 각 진영의 입장에서 정해진 답만 보려 할 뿐, 중
국의 변화를 직시하기를 피하려는 경향이 없지 않다. 한편에서는
쇠퇴하는 미국의 대안, 아시아 시대의 상징으로서 부강해진 중국
을 지지하면서 한반도의 분단 극복과 경제에 중국의 도움이 필요
하니 중국 내부의 문제에는 신경 쓰지 말아야 한다고 하는 이들이
있다. 또 다른 쪽에는 중국의 독재 강화와 인권 상황 악화를 '한국
이 한미동맹을 강화하고 중국, 북한과 군사적 대치로 나아가야 한
다'는 주장의 근거로 이용하려 하면서 의도적으로 혐중을 부추기
려는 이들이 있다. 중국에 대한 이 극과 극의 주장에 모두 우려를
느끼면서 '시진핑 시대의 중국을 어떻게 진지하게 이해하고 마주
해야 할 것인지'가 한국 사회 앞에 제기된 가장 중요한 질문 중 하
나라고 생각했다. 중국의 문제를 공정하게 비판하면서 중국 시민
들과 연대하고 평화적인 공존의 길을 찾을 수는 없을까.

◖ 근경과 원경 ◗

2020년 7월부터 《한겨레》에 '시진핑 시대 열전'을 연재할 기회를
얻었다. 중국과 홍콩, 대만 사람들의 이야기를 통해 중국의 변화
에 대한 고민과 질문에 나름의 답을 찾아보고자 했다. 한국인들이
중국과 홍콩, 대만 사회의 다양한 사람들을 만나고 그들의 이야기

에 귀 기울이는 기회가 되기를 희망하며, 사마천의《사기》(史記)에서 빌려온 '열전列傳'이란 형식을 택했다. 지도자와 고위 관리들, 기업가들뿐 아니라 사회의 아래에서 분투하고 변화를 만들려 노력하는 사람들의 이야기도 함께 전하고 싶었다. 시진핑 주석이 집권한 2012년 말부터 지금까지의 사건을 들여다보면서도 시간을 거슬러 올라가 내가 중국을 돌아다니며 취재했던 현장의 목소리도 되짚어보고, 역사의 긴 흐름 속에서 지금 벌어지는 일들의 맥락과 기원도 살펴보려 했다. 시진핑 시대와 중국 역사에 대해 줌인과 줌 아웃을 거듭하면서 근경과 원경에서 본 관점과 의미도 찾아보려 했다. 이 책은 그 글들을 보완하고 한 편을 덧붙여 묶은 21편의 글, 20명의 이야기다.

1부는 시진핑 국가주석에 대해 썼다. 시진핑 절대 권력을 만들어낸 동력인 공산당의 위기의식에 초점을 맞추었다. 집권 70여 년 만에 권력을 잃은 소련공산당의 전철을 밟지 않기 위해 중국공산당의 통치 정당성 강화에 나선 시진핑 주석이 중화민족의 위대한 부흥의 깃발을 들고 마오쩌둥毛澤東의 유산을 이용하는 동시에 문화대혁명의 혼란을 두려워하며, 아래로부터의 저항과 서구식 민주주의의 확산을 철저히 억압하는 상황을 살펴보았다. 국제질서의 측면에서는 트럼프의 미국이 시진핑 체제를 강화하고 중국의 국제적 발언권을 높인 요인이었음을 분석했다. 트럼프 전 미국 대통령이 미국이 만들어온 규범을 깨고 국제사회에서 지도력을 망가뜨렸기 때문에 시진핑은 중국 모델의 우월함을 주장하며 강성 권위주의 체제를 정당화할 수 있었다.

2부는 시진핑 체제를 설계하고 운영해온 관리들을 살펴보았다. 시진핑의 책사인 왕후닝은 국가의 이익을 절대시하면서 신권위주의 체제를 설계했고, 서구가 주도해온 국제질서에 도전하며 중국 중심의 새 국제질서를 만들어나가려는 구상을 추진했다. 중국이 애국주의를 통치 정당성의 중요한 요소로 삼으면서 '늑대전사' 외교로 불리는 강압적인 외교가 확산되고 경제력을 활용해 국제사회의 반발을 침묵시키면서 21세기 조공 체제를 형성하려는 시도가 진행되고 있다. 중국은 흔들리는 미국식 국제질서를 대체할 천하체제를 고민해왔지만, 고압적인 늑대전사 외교는 중국 모델에 대한 실망과 반감을 높였다.

3부는 중화민족의 위대한 부흥에 희생되는 제국의 변경 사람들의 이야기다. '중화민족'은 한족을 중심으로 55개 소수민족을 동화시키려는 개념이다. 시진핑 시대 중국은 소수민족들의 고유한 정체성을 지워 한족 중심으로 교화시키고, 제국주의의 침략으로 빼앗긴 홍콩과 대만을 회복해 중화제국의 부활이라는 역사적 업적을 완수하겠다는 야망을 추구한다. 2017년부터 신장웨이우얼자치구에서 100만 명이 넘는 위구르인이 '재교육 캠프'에 강제로 수용되었고, 위구르인의 문화와 역사, 언어를 지우고 한족 문화로 교화하려는 작업이 진행되고 있다. 중국 권력자들은 고유한 삶의 방식과 법치·자유가 위협받는 것에 대한 홍콩인들의 불안에 귀를 닫았다. 중국공산당은 홍콩인들의 주장을 국가주의와 안보 문제로만 보았고, 시위대를 미국 등 외세에 협력해 중국을 뒤흔들려는 '민족의 배신자', '매국노' 틀에 가두었다. 대만 사회는 시진핑 시대 중국의 독재 체제 강화, 홍콩의 우산혁명과 반송중(중국 송환 반대) 시위에 대한 억압적 태도에 실망하며 중국과의 대립으로 나아가고 있다. 여기에 대만을 중국 견제의 최전선으로 삼고자 하는 미국의 신냉전 전략과 대만과의 무력통일도 불사하겠다는 시진핑 주석의 강경론이 맞물리면서 대만은 미-중의 가장 첨예한 전선으로 변했다.

4부의 주인공은 중국 사회를 변화시키려 노력하는 민간의 활동가들이다. 시진핑 시대는 인민과 사회를 철저히 통제의 대상으로 여기며, 자율적인 민간의 공간을 인정하지 않는다. 먼저 인권변호사들이 체포되었다. 인권변호사들은 조심스럽게 싹을 틔우고 성장해온 중국 사회의 풀뿌리 시민운동, 노동운동의 든든한 버팀목이자 전국에 흩어진 민간 운동들을 이어주는 그물 같은 존재였다. 뒤이어 기계공장인 자스커지에서 독립노조를 만들려던 노동자들, 그리고 그들과 연대해 철저한 자본주의사회로 변해버린 중국 사회를 마르크스와 마오쩌둥의 이념에 따라 변화시키려던 대학생들이 체포되고, 학생운동 조직들에 대한 탄압이 이어졌다. '농민공'이란 차별의 굴레를 벗기도 전에 인공지능 알고리즘에 더욱 강하게 속박된 플랫폼 노동자들, 노동 통제를 거부하고 일용직 일자리를 전전하며 살아가는 젊은 노동자들의 절망과 반항, 변화를 만들려는 조심스러운 노력을 보려 했다. 코로나19 발생 초기 당국의 진실 은폐로 벌어진 비극의 현장을 알리려 했던 시민기자들, 권위주의와 가부장제에 동의하지 않는 여성들이 약자들에 대한 억압에 어떻게 도전하고 있는지를 기록했다.

5부는 기업가들과 감시사회, 국가자본주의를 다루었다. 견제·감시할 시민사회가 미약한 중국에서 4차 산업혁명은 감시자본주의와 긴밀히 연결되어 법가적 빅브라더 사회를 실현하고 있다. 민영기업이 국가의 통제를 벗어나 과도한 힘을 갖는 것에 대한 공산당 지도부의 불안은 금융제국을 만들려던 마윈의 앤트그룹 기업공개를 취소시켰고, 빅테크(대형 정보기술기업) 기업들에 대한 강력한 규제로 이어졌다. 미-중 패권 전쟁의 최전선이 된 5G 통신망과 반도체 등 첨단기술을 둘러싸고 중국의 대약진과 이를 막으려는 미국의 전략이 날카롭게 부딪히면서 전 세계 첨단기술 공급망의 재편을 예고하고 있다.

마지막으로 시진핑 시대의 의미심장한 예고편이었던 보시라이와 그가 권력 야심을 실현하기 위해 시도했던 충칭 모델을 통해 시진핑 통치의 의미를 되짚었다. 시진핑의 라이벌인 보시라이는 충칭 모델에서 범죄와의 전쟁, 군중 동원 등을 활용했고, 국유기업 강화를 통한 서민 복지 강화 등을 약속했다. 이는 보시라이가 정치적으로 몰락한 이후 '시진핑 모델'로 복제되었다. 문화대혁명과 마오쩌둥의 유산을 활용한 시진핑 시대 권위주의와 포퓰리즘의 결합은 트럼프 시대 미국의 포퓰리즘과 기묘하게 맞물려 있다.

【 정통성이라는 문제 】

시진핑 시대 중국의 행보는 개혁개방 이후 40년 동안 누적된 빈부격차와 부패, 성장 모델의 한계로 위기에 봉착한 중국공산당의 정통성을 새롭게 강화하려는 시도다. 중국의 권력자들이 강하고 억압적인 모습을 보일수록, 이면의 불안과 위기감도 함께 살펴야만 현실에 더 가까이 다가갈 수 있을 것이다. 중국의 국내총생산GDP이 2027~2028년 무렵 미국을 추월해 세계 최대 경제대국이 될 것으로 예상되고 첨단기술과 군사력도 대약진하고 있다. 일대일로一帶一路(육해상 신실크로드)를 통해 지정학적, 경제적, 금융적 영향력을 확대하려는 시도도 급속도로 진행되고 있다. '중국의 힘'은 분명한 실체다. 하지만 노동자와 농민에게 돌아갈 성장의 몫을 제대로 주지 않음으로써 축적한 거액의 자본을 국가가 대규모로 투자해 성장률을 끌어올리는 중국의 발전 모델이 얼마나 지속 가능할지는 미지수다. 너무나 심각한 불평등과 부패, 열악한 노동환경에 대한 절망과 저항을 억눌러야 한다는 권력의 불안이 억압적 사회 통제, 첨단기술 감시와 권위주의적 정치, 그리고 애국주의 선동과 강압적 외교로 표현되고 있다. 중국의 명암을 모두 직시해야 한다.

　2021년 7월 중국공산당은 창당 100주년을 맞이해 당과 시진핑 주석의 업적을 대대적으로 선전하고, 중화인민공화국 건국 100주년이 되는 2049년까지 사회주의 현대화 강국을 실현하겠다는 장대한 목표를 향한 대장정에 나선다. 2021년 3월 18일 알래스카에서 열린 미-중 외교 책임자들의 회담에서 양제츠楊洁篪 중국공산당 정치국원은 "미국은 강자의 위치에서 중국을 내려다보며 말할 자격이 없다", "중국은 중국식 민주가 있다"며 16분간의 긴 연설로 미국을 훈계했다. 시진핑 주석이 통치하는 중국공산당의 시스템이 미국식 민주주의보다 우월하며, 중국식 세계 질서의 시대가 왔다는 선언이었다. 하지만 우리는 중국식 민주에 진심으로 동의할 수 있는가라는 무거운 질문을 마주하게 된다.

　미-중 신냉전이 고조되고 있지만 어떤 나라도 거대하고 복잡한 중국을 외부의 압력으로 변화시킬 수는 없다. 중국은 내부에서 스스로 개선하고 변화해나갈 수밖에 없을 것이다. 다만 수천 년 동안 중국과 어떻게 공존할까를 고민해온 이웃으로서 한국의 시민들은 중국의 현실을 진지하게 보고, 협력하되 할 말을 하고, 한국의 원칙을 지키면서 공존하려는 노력을 포기하지 않고 계속할 수밖에 없다.

❰ 잊어서는 안 되는 것 ❱

중국을 바라볼 때 권력만을 보지 말고 시민들의 삶에 관심을 두며 그들과 연대하려는 마음을 잊지 말자고 다짐하곤 한다. 19세기 말 이후 근대국가 만들기를 향해 질주해온 중국에서 강한 권력이 민간의 힘을 동원하거나 억누르는 상황이 계속되어왔지만, 민간의 중국에서 아래로부터 변화를 만들어내려 한 이들의 노력도 멈춘 적이 없다. 중국에서 취재하는 동안 만났던 노동운동가들, 농촌운동가들, 민주적 사회주의를 위해 노력하는 이들은 나에게 민간 중국의 민주적 사회주의를 향한 흐름을 알려준 고마운 스승들이다. 권력자의 중국만이 아닌 민간의 중국을 기억하라는 그들의 말을 안내자 삼아 계속 중국을 공부하려 한다.

10여 년 전 남미 콜롬비아의 어느 허름한 청바지 공장을 취재하러 갔을 때, 그곳의 관리자가 정말로 심각하게 묻던 질문을 기억한다. "중국과 경쟁하느라 너무 힘들다. 여기 노동자들도 정말 열악한 상황인데, 도대체 중국 노동자들은 어떻게 그렇게 낮은 임금을 받을 수가 있나?" 중국 노동자들이 노동권을 보장받지 못하고 낮은 임금과 열악한 복지를 감내하는 상황은 전 세계 신자유주의의 극심한 불평등을 떠받쳐온 중요한 구조물이기도 하다. 중국 노동자들이 감내하는 저임금 탓에 전 세계 노동자들은 바닥을 향한 경쟁을 강요당하거나 일자리를 잃었다. 중국의 과잉 생산과 넘치는 자금은 세계 자산 가격을 부풀려 더욱 극심한 불평등을 만들어내고 있다. 중국이 구축한 최첨단 감시 기술은 세계 각국의 권위주의 정권으로 퍼져나가, 빅브라더 사회를 확산시킬 것이다. 그러므로 중국에서 노동자, 농민, 소수민족, 사회적 약자들이 권리를 찾아 제 목소리를 내고 불평등을 완화하고 부가 제대로 분배되도록 변화가 일어날 수 있다면, 중국뿐 아니라 세계의 미래에도 희망의 신호가 될 것이다.

글을 연재하는 동안 과분한 관심과 응원을 받았다. 종이 신문의 자리가 좁아지는 시대에 긴 글을 읽어주고 의견과 격려를 보내주며 함께해주신 독자들께 진심으로 감사드린다.

중국에서 취재할 때부터 지금까지 함께 공부하고 토론하며 격려해준 '중국 탐구'의 소중한 벗이자 스승인 강동국, 윤형진, 양영빈, 홍정의 선생님, 그리고 공원국, 박철현, 양갑용, 윤성제, 이현태, 장정아, 하남석, 홍명교 선생님의 가르침은 언제나 고마운 길잡이다. 고경태 선배, 권순범 편집자, 두 분이 아니었다면 이 책은 나올 수 없었을 것이다. 이름을 쓸 수 없는 중국의 벗들에게도 진심 어린 고마움을 간직하고 있다. 항상 응원해주는 부모님과 가은에게 책을 전하고 싶다.

1부 안과 밖

시진핑

習近平

황제의 불안, 두려움의 정치

《 중국의 꿈 》

2012년 11월 15일 중국공산당 18차 당대회 마지막 날, 이제 막 공산당 총서기에 오른 시진핑이 베이징 인민대회당에 모인 내외신 기자들 앞에 처음으로 등장했다. 전 세계의 관심이 중국의 새 지도자에게 집중된 가운데 그는 "오늘날 중화민족은 유례를 찾아볼 수 없을 정도로 부흥하고 있다"고 선언했다. 2주 뒤에는 국가박물관을 찾아가 연설을 하면서 "중화민족의 위대한 부흥을 실현하는 것이 '중국몽中國夢'이다. (…) 우리는 역사상 어느 때보다 중화민족의 위대한 부흥이라는 목표에 가까이 다가서 있다"고 했다.

당시 베이징 특파원으로서 이 세기의 행사를 취재하면서 오만하게 보일 정도로 대담하고 자신만만한 시진핑의 모습에 깊은 인상을 받았다. '로봇'이란 별명으로 불린, 항상 정해진 틀 안에서 조심스럽기만 했던 전임자 후진타오胡錦濤의 통치와는 완전히 다른 새 시대가 펼쳐질 것이란 예감이었다.

2012년 말 시진핑이 최고지도자로서 등장했을 무렵 중국은 그야말로 '더 이상 예전의 길로는 계속 갈 수 없다'는 데 상하좌우가 공감하는 전환점에 서 있었다. 특파원으로서 중국 지도층의 부정부패와 천문학적인 축재, 치열한 권력투쟁에 대한 기사를 쉴 새 없이 썼다. 보시라이 충칭시 당서기가 시진핑을 후계자로 정한 당의 결정에 불복해 자신이 최고지도자가 되려고 군대를 동원해 정변을 시도한 사건까지 벌어졌다. 강제철거와 환경오염에 저항하는 시위에 나선 이들, 파업에 나선 노동자들을 만나 이야기를 들었다. '중국이 어디로 가야 하는가'를 둘러싸고 벌어진 좌-우파의 논쟁에 귀를 기울이며, 중국이 어떤 새로운 길로 가게 될지 무척 궁금했다.

이제 시진핑 중국 국가주석은 21세기의 '시황제'로 불린다. 2018년 3월 1일 전국인민대표대회에서 국가주석의 임기 제한을 폐지하는 개헌안이 99.8퍼센트의 찬성으로 통과된 뒤, 시 주석이 종신 집권하려 한다는 비판의 목소리가 끊이지 않는다. 미국과는 정면충돌도 불사할 기세다. 미국이 중국을 굴복시킬 수단들을 잇따라 꺼내들자, 중국은 '장기적으로는 결국 이길 수 있다'는 각오로 강하게 맞서고 있다.

나는 쇠락하는 제국 미국을 대신해 중국이 언젠가는 대안적 질서와 가치를 제시할 수 있을 것이란 기대를 품고, 오랫동안 중국을 취재해왔다. 시진핑 시대 중국이 점점 오만해지고 강압적으로 변하는 모습을 보며 곤혹스러웠다. 한반도와 동아시아의 평화를 위한 한-중 협력이 절실한 상황에서 중국에 대한 실망감이 한국의 외교·안보 선택지를 좁히고 있다. 한국 사회에서 혐중의 목소리는 넓고 깊게 퍼지고 있다. 혐중은 중국의 현실을 제대로 이해하는 것을 막고, 중국 내부의 다양한 목소리, 중국인들의 고민을 들으려는 관심까지 차단하는 위험한 현상이다. 혐중을 넘어 중국과 협력은 넓히되 비판할 부분은 비판하고 연대할 부분은 연대하려는 노력을 멈추지 말아야 한다. 14억 중국인들의 각양각색 고민과 목소리에 귀 기울여야 한다. 시진핑 시대, 중국과 홍콩, 대만 사람들의 이야기를 통해 중국의 현재를 이해할 실마리를 찾아보려 한다. 감히 '시진핑 시대 열전'이라는 제목을 붙여보았다.

❰ 소련공산당은 왜 붕괴했는가 ❱

우선 시진핑 주석에서 시작하려 한다. 시 주석은 어떻게 파죽지세로 비판 세력들을 제거하고, 덩샤오핑鄧小平이 1인 권력 체제를 제한하기 위해 설정한 정치 규칙들을 무너뜨리며, 마오쩌둥 이후 가장 강력한 중국 지도자로 떠오를 수 있었나.

시진핑 시대의 첫 장면으로 다시 돌아가 본다. 그는 중국몽과 중화민족의 위대한 부흥이란 비전을 내놓으며 자신만만한 지도자로서 등장했지만, 공산당 내부를 향해 발신한 메시지는 전혀 달랐다. 2012년 12월 첫 지방 시찰로 광둥성을 찾아가 열었던 당 내부 회의에서 그는 "왜 소련이 해체되었는가? 소련공산당은 왜 붕괴했는가"라는 질문을 던졌다. "이념과 신념이 흔들렸기 때문이다. 정치적 부패와 이단적 이데올로기, 군부의 불충성이 지배당의 붕괴를 가져왔다. (…) 그리고 고르바초프의 조용한 말 한마디와 함께 그 위대한 당은 역사 속으로 사라지고 말았다. 결국 아무도 저항하려 나서지 않았다." 시진핑은 이렇게 말했다고 전해진다.

시진핑 리더십은 처음부터 외부로는 강력한 자신감, 내부로는 불안감의 두 얼굴로 등장했다. 시진핑은 권력을 잡은 직후부터 공산당 지도부를 향해 현재 당이 처한 불안한 상황에 대한 위기감을 강조했고, 자신이 그 위기를 돌파할 비전을 가진 위대한 지도자임을 강조하며, 시진핑 1인 체제에 대한 합의를 만들어왔다.

취임 초기 시진핑이 최우선 과제로 추진한 것은 강력한 부패와의 전쟁이었다. 부패 척결은 시진핑의 다목적 포석이다. 시 주석이 '호랑이부터 파리까지'(고관부터 하위직까지) 부패 관리들을 대대적으로 숙청하자 대중들은 열광했다. 저우융캉周永康 전 정치국 상무위원을 비롯해 당·군 간부, 국유기업·민영기업 경영자, 중

시진핑 중국 국가주석이 2019년 4월 23일 산둥성 칭다오에서 열린
인민해방군 해군 창설 70주년 기념 국제 관함식에서 구축함 시닝西寧호
승선에 앞서 의장대를 사열하고 있다. (신화=연합뉴스)

국 최초의 인터폴 총재까지 가리지 않고 수만 명이 부패 혐의로 낙마해 처벌받았다. 공포 정치는 후진타오 시대에 지도자의 '명령이 서지 않던' 상황을 일거에 바꿨고 당의 권위를 강화했다. 아울러 경쟁 정치 세력에 속한 고위 관리들을 대거 제거하고 그 자리에 '시자쥔習家軍', '즈장신쥔之江新軍' 등으로 불리는 측근 세력들을 진입시켜 권력을 신속하게 강화했다. 2020년 부패혐의로 낙마한 쑨리쥔孫力軍 전 공안부 부부장, 덩후이린鄧恢林 충칭시 공안국장은 모두 장쩌민江澤民 계를 겨냥한 숙청에 희생된 것으로 해석된다.

이렇게 단기간에 권력을 집중시킨 시진핑에 대해 공산당은 공식적으로 '핵심'이란 호칭을 붙였다. 마오쩌둥을 연상케 하는 인민영수, 총사령관 등의 호칭도 등장했다. '시진핑 신시대 중국 특색 사회주의 사상'이란 말이 당헌과 헌법에 명시되었다. 국가주석 임기 제한도 없앴다. '학습강국'('시진핑을 배우는 강국'으로도 해석된다)이란 휴대전화 앱을 통해 시진핑 사상을 의무적으로 학습하는 캠페인도 벌어졌다. 문화대혁명 시기의 '마오쩌둥 어록'이 21세기 첨단기술 버전으로 되살아난 셈이다.

왜 중국공산당 지도부와 엘리트들은 이에 동의한 것일까? 물론 '부패와의 전쟁'으로 당내 다른 파벌들의 영향력이 약화된 점도 감안해야 할 것이다. 하지만 시진핑의 권력 강화가, 공산당이 권력을 잃고 소련공산당의 전철을 밟을 가능성, 중국이 혼란에 빠질 가능성을 차단하기 위해서는 권력을 집중할 필요성이 있다고 판단한 공산당 지도부의 위협 의식이 빚어낸 합의의 산물이라는 해석이 설득력 있어 보인다.

손인주 서울대 정치외교학부 교수는 시진핑 시대의 중국을 "두려움의 정치"로 설명한다. 시진핑 1인 권력의 강화는 그의 권력욕 같은 개인적 요소보다는 통치 엘리트들의 집단적 위협 의식에 기반하고 있다는 것이다. "자신감보다는 두려움이, 공격적 본능보다는 방어적 본능이 시진핑으로의 빠른 권력 집중과 공산당의 영도 강화를 추동했다"는 해석이다. 손 교수는 중국 지도부의 위협 의식은 권위주의 체제 자체가 지닌 구조적 문제로부터 발생했다고 설명한다. "지배연합으로부터 배제된 대중과의 갈등과 지배연합 내부의 권력 갈등이 엘리트들이 느끼는 위협 의식의 뿌리"라는 것이다.

개혁개방 40년 동안 중국은 세계 2위의 경제대국으로 부상했지만, 부는 불공정하고 불평등하게 분배되었다. 기득권층에 대한 대중의 분노는 커졌다. 기득권층의 이익을 제어하고 공정한 부의 재분배를 실현할 개혁이 필요했고 시진핑이 이런 개혁을 해낼 것이란 기대도 컸다. 하지만 점점 개혁보다는 대중의 불만을 통제하고 억누르는 쪽으로 기울었다. 2012년 권력 교체기에 일어난 '보시라이 사건'도 지도부의 불안감을 고조시키면서 권력 집중에 대한 필요성을 뒷받침했다.

서구 자유주의가 중국공산당의 일당통치를 위협한다는 해묵은 두려움도 커졌다. 중국 지도부는 오랫동안 서구가 지원하는 색깔혁명(동유럽과 중동에서 일어났던 비폭력 민중 시위)이 중국공산당 통치를 위협할 것으로 두려워했는데, 시진핑 시대 들어서는 서구 민주주의를 비롯한 서구의 사상과 이념 전체를 차단하려는 움직임이 강해졌다.

이런 현상들이 쌓이면서 시진핑 시대 중국이 점점 더 개혁개방으로부터 멀어지고 문화대혁명 시대로 돌아가고 있다고 우려하는 이들이 적지 않다. 문화대혁명의 소용돌이에서 성장한 시진핑의 통치에서 문화대혁명의 영향과 트라우마가 어떻게 작용하고 있는지도 주목할 만한 부분이다.

◖◗ "삶의 목표는 굳건해졌고 자신감으로 가득 차 있었다" ◖◗

1953년 중국 혁명 원로인 시중쉰習仲勳 전 부총리의 2남 2녀 중 셋째로 태어난 시진핑은 지도자들이 모여 사는 중난하이에서 저우언라이周恩來 총리를 '아저씨'라 부르며 도련님의 어린 시절을 보냈다. 시진핑이 아홉 살 되던 1962년 당시 중앙선전부장이던 시중쉰은 나중에 모함으로 판명된 류즈단柳志丹 사건(류즈단은 시중쉰의 전우였다. 1962년 류즈단의 생애를 다룬 소설이 시중쉰의 검토를 거쳐 출판되었는데, 이 작품이 마오쩌둥에게 반당 분자로 몰렸던 가오강을 미화했다는 논란이 벌어졌다. 시중쉰은 반당 활동을 한 것으로 지목되어 숙청되었다)에 연루되어 모든 직위를 잃고 공장 노동자로 보내졌다. 온 가족은 '반당분자의 가족'으로 전락했다. 시진핑은 문화대혁명이 시작된 지 3년 뒤인 1969년부터 중국 서북 지역 산시성의 산간벽지 량자허梁家河에서 고된 노동을 하며 7년을 보냈다. 그는 열 번 거절을 당한 끝에 결국 공산당에 입당했고, 문화대혁명 후기인 1975년 특채생으로 칭화대에 입학했다. 아버지의 복권 뒤 군대를 거쳐 정치가의 길을 걷기 시작했다. 그는 문화대혁명 시대 농촌으로 '하방下放'되었던 경험을 중요한 정치적 자산으로 삼고 있다. "열다섯 살에 황토고원에 도착했을 때 나는 초조하고 혼란스러웠다. 스물두 살에 황토고원을 떠날 때 삶의 목표는 군건해졌고 자신감으로 가득 차 있었다." 그는 회고했다.

빈부격차를 원망하는 중국인들 사이에서 마오쩌둥 시기의 평등에 대한 향수가 커지는 가운데 시진핑은 마오쩌둥의 이미지를 빌려서 듬직한 아버지의 이미지, 공산당의 이상주의적 뿌리를 회복시키고 외세에 단호히 맞서는 강력한 지도자상을 구축해왔다. 마오쩌둥 시대에 대한 향수를 이용하고 부패와의 전쟁으로 인기를 얻는 것은 시진핑의 라이벌인 보시라이가 충칭에서 실험했던 방법인데, 그를 숙청한 시진핑도 이를 고스란히 활용하고 있다.

시 주석은 '부패와의 전쟁'에 이어 농촌과 농민들의 '빈곤 탈출'(脫貧·탈빈)을 주요한 정치적 업적으로 내걸고 있다. 그리고 공산당 창당 100주년을 앞둔 2021년 2월 빈곤 퇴치 완수를 공식 선언했다. 2021년 7월 중국공산당 창당 100주년을 앞두고 '전면적인 샤오캉 사회小康社會'(의식주를 걱정하지 않는 물질적으로 안락한 사회) 달성의 업적을 과시하고, 신중국 수립 100년이 되는 2049년까지 사실상 세계 최강국으로 도약해 '중화민족의 위대한 부흥'을 이루겠다는 게 그의 청사진이다. 하지만 리커창李克强 총리가 2020년 5월 28일 전국인민대표대회 폐막 기자회견에서 "중국인 6억 명의 월수입이 1000위안(약 17만 원)에 불과하다"고 밝히면서 파문이 일었던 것처럼, 빈곤 퇴치 완수는 아직 현실과는 거리가 먼 정치적 구호의 성격이 강하다.

시 주석이 문화대혁명과 마오쩌둥의 이미지를 활용하고 있지만 한편으로는 노동자와 농민, 학생들이 21세기 홍위병이 되어 아래로부터 반란을 일으킬 가능성을 두려워하는 문화혁명 트라우마도 깊이 도사리고 있다. 인권운동가들과 변호사들, 소수민족, 농민공(농민 호구를 가진 노동자)들에 대한 국가의 통제와 탄압은 점점 강해지고 있다. 중국 전역에 설치된 감시카메라, 안면인식 기술을 통한 감시, 인터넷 검열을 통한 디지털 빅브라더 사회에 대한 공포가 커지고 있다.

베이징의 한 학자는 익명을 전제로 현재 중국의 상황에 대해 비관적인 평가를 내놓았다. "덩샤오핑 시대에는 광활한 중국의 복잡한 상황 속에서 인민들에게 일정 정도 자유로운 공간을 보장해 인민과 지방의 적극성과 열정을 동원했다. 그러나 시진핑 시대에는 지도자와 당이 이미 진리를 모두 장악했으니 인민들은 당과 지도자를 신앙하며 따르기만 하면 된다는 식으로 변했다. 지방과 기층 조직들의 탐색 공간도 주어지지 않고, 언론의 자유도 주어지지 않는다."

시진핑에게는 다른 선택지도 있었다. 공산당 내에서 개혁을 모색하는 목소리들, 더 나은 삶과 공정함을 요구하는 노동자와 농민의 각성, 시민사회의 성장 등에서 나오는 에너지를 포용적으로 수용하면서 새로운 중국의 길을 만들어갈 여지도 있었다. 미국의 '트럼프 난장극'에 실망한 전 세계에도 중국 모델은 훨씬 매력적인 대안이 될 수 있었을 것이다. 그러나 불안과 두려움에 사로잡힌 권력은 그 길을 선택하지 못했다.

트럼프와의
적대적 공생

《 절대 권력이 흔들린 날 》

시진핑 중국 국가주석의 절대 권력이 동요했던 하루를 꼽는다면
2020년 2월 6일을 떠올릴 것이다.

코로나19로 중국이 혼란과 고통의 터널 한가운데 있던 그날
밤, 봉쇄 상태에 있던 후베이성 우한에서 의사 리원량李文亮이 숨
졌다. 밤 9시 30분께 리원량이 사망했다는 소식이 처음 나왔으나
곧 검열로 삭제되었다. 공식 발표는 다음 날 새벽 3시께 나왔다.
여론의 분노를 우려한 당국이 발표 시간을 늦춘 것이다. 리원량은
2019년 12월 말 코로나19 바이러스가 퍼지고 있다는 소식을 처
음으로 알렸다가 유언비어를 퍼뜨렸다며 공안에 잡혀가 처벌을

받은 뒤, 자신도 코로나19에 감염되어 숨졌다. "사회에 하나의 목소리만 있어서는 안 된다"는 그의 유언과 같은 발언이 한동안 온 중국을 뒤흔들었다. 죽은 리원량이 산 시진핑의 권력을 뒤흔들고 있었다.

시진핑을 구한 것은 트럼프 미국 대통령이었다. 중국의 코로나19 상황이 안정되어가던 2020년 3월 초부터 미국은 대혼란에 빠졌다. 트럼프 대통령의 무책임하고 무능한 대응으로 빚어진 미국의 참상이 드러나자 인구 1100만 명의 대도시 우한을 77일 동안 완전히 봉쇄하는 초강수로 상황을 통제한 시진핑 지도부의 비교우위가 두드러졌다. 트럼프 대통령이 부실 대응 책임을 떠넘기기 위해 중국 때리기를 강화할수록, 중국공산당은 미국에 단호히 맞서는 모습으로 국내에서 애국주의를 강화했다. 트럼프가 코로나19 바이러스의 '우한 실험실 발원설' 주장을 내놓자 중국 외교관들은 '우한에 왔던 미국 운동선수들이 바이러스를 퍼뜨렸다'는 음모론으로 맞섰다.

우한 봉쇄로 중국 국내 코로나19 확산이 통제되자, 중국 당국은 '중국이 희생해 세계를 구했다'며 선전에 나섰고 여러 나라에 마스크와 방역물자를 지원하며 구원자를 자임했다. 리원량 사후 정부를 비판하고 언론 자유를 언급하던 글들은 삭제되고 우한의 진상을 알리려던 시민기자들은 체포되고 실종되었다. 미국과 서구 국가들의 무능한 대응과 참상은 중국공산당이 권위주의적이고 강압적이더라도 매우 유능하다는 결론을 뒷받침하는 생생한 사례가 되었다.

중국공산당의 정통성을 떠받치는 두 개의 기둥은 경제성장과 애국주의다. 코로나19로 중국 전역이 사실상 두 달 가까이 봉쇄되었던 여파로 2020년 1분기 중국의 성장률은 -6.8퍼센트를 기록했다. 코로나19 대유행 이전부터, 중국 경제에는 성장률 하락, 지방정부 부채, 부실 금융 악화 등의 그림자가 드리워져 있었다. 중국은 코로나 사태로 두 달 넘게 미루어져서 2020년 5월 개최한 전국인민대표대회에서 성장률 목표치를 제시하지 못했다. 2분기부터 성장률은 급반등했지만, 부유층에게 경제 회복의 과실이 집중되고 농민공과 빈곤층에게는 취업난, 임금 체불 등의 어려움이 계속되었다. 정부가 신인프라건설(新基建·5G 및 인공지능 등과 관련한 기반시설 건설) 등에 대규모 투자를 하고, 수출이 2020년 3분기부터 급속하게 회복되었지만, 내수와 일자리 상황은 여전히 불안하다.

경제적 불안이 클수록 중국은 다른 한 축인 애국주의를 강화한다. 트럼프 미국 대통령이 코로나19 대응 실패 책임을 떠넘기기 위해 '중국 때리기'를 강화할수록, 시진핑 주석은 미국과의 강 대 강 대립으로 애국주의를 강조하며 국내 여론 통제를 강화했다. 시진핑과 트럼프는 서로를 간절히 필요로 하는 적대적 공생 관계를 형성했다. 트럼프는 2020년 11월 대선을 앞두고 자신이 중국을 더 강하게 압박할 수 있기 때문에 재선되어야 한다고 주장하며, 중국을 압박하는 조치들을 계속 발표했다. 시진핑은 자신의 통치 아래서 강해진 중국이 이제 미국에도 할 말을 하고 대등하게 싸울 수 있음을 과시했다. 시진핑의 '트럼프 사용법'이었다.

▌《 자금성에서 만난 '두 황제' 》▐

시진핑과 트럼프의 첫 만남은 2017년 4월 6일 미국 플로리다주 팜비치에 있는 트럼프의 별장 마러라고 리조트에서 열린 정상회담이었다. 대선 선거운동 당시부터 미국 우선주의를 내세워서 중국으로부터 일자리와 경제적 이익을 되찾아오겠다며 중국을 공격했던 트럼프는 시진핑과 정상회담이 끝난 뒤, 만찬을 하던 도중 시리아 정부군 공군 기지를 토마호크 크루즈 미사일 수십 발로 폭격했다고 공개했다. 기선제압을 위한 깜짝쇼였다.

그해 11월 시진핑 주석은 중국 베이징의 자금성을 통째로 비우고 트럼프 대통령을 맞이했다. 국빈급 이상의 이례적 대접인 동시에 국가주석 임기 제한 철폐로 1인 천하 권력을 다지려던 시 주석이 트럼프 대통령을 자금성에서 맞이하는 황제의 의전으로 미국과 동등한 위상을 과시하려는 의도가 엿보였다.

초호화 대접을 받고 돌아간 트럼프 대통령은 2018년 초 중국과의 무역전쟁 포문을 열었다. 중국의 대미 무역 흑자를 겨냥한 관세전쟁과 함께 중국 정부가 주도하는 첨단기술 육성 및 기술 자급자족 정책인 '중국제조 2025'를 겨냥한 공세를 이어갔다. 전 세계의 5G 네트워크에서 중국 기업 화웨이의 장비를 몰아내기 위해 한국, 일본, 유럽 국가들을 압박했다. 트럼프 대통령은 점점 더 중국의 국가 주도 자본주의 시스템 자체의 문제점을 겨냥하면서 미국식 자본주의와 중국식 자본주의의 체제 대결 쪽으로 나아가기 시작했다. 2020년 코로나바이러스가 세계를 휩쓸자 미국은 중국의 코로나19 책임론을 강하게 거론하면서 미국이 주도하는 전 세계 금융·생산 시스템에서 중국을 쫓아내는 디커플링decoupling을 언급하며 중국을 위협했다. 특히 트럼프 대통령이 홍콩에 대한 특별대우를 끝내는 행정명령과 홍콩 국가보안법 시행에 관여한 중국 관리들과 거래하는 은행들을 제재하는 법안에 서명하면서 중국 전문가들은 미-중 금융전쟁이 벌어질 수 있다는 경고를 잇따라 내놓았다.

하지만 겉보기에 요란한 미국의 대중국 공세에도 불구하고 트럼프 행정부는 경제·금융 분야에서 실제로 중국에 결정적 타격을 줄 조치로까지는 나아가지 않았다. 존 볼턴John Bolton 전 백악관 국가안보보좌관은 회고록에서 트럼프 대통령이 2019년 6월 오사카 주요 20개국(G20) 정상회의에서 시진핑 주석에게 자신의 대선 승리를 도와달라며 미국산 대두와 밀 수입을 늘려달라고 간곡히 요청했다고 폭로했다. 겉으로는 무역전쟁에서 중국을 강하게 밀어붙이고 있었지만 막후에서는 중국에 손을 벌리는 거래를 한 것이다. 미-중이 2020년 1월 맺은 1단계 무역 합의에서 중국은 농산물 등을 비롯한 미국산 제품 2000억 달러어치를 사기로 약속했다.

코로나 사태로 위기에 몰린 트럼프는 대선을 앞두고 경제적 성과와 중국의 도움이 더욱 절박했다. 홍콩 국가보안법 통과 이후 트럼프는 중국을 난타하는 듯 보였지만, 체계적 전략을 마련하지 못했고 종종 정치적 이해득실을 고려한 쇼에서 멈추었다. 트럼프 행정부는 홍콩에 대한 달러 공급 제한도 검토하다 접었다. 1달러를 7.75~7.85홍콩달러로 고정한 홍콩달러 페그제peg system를 흔드는 이런 조치는 홍콩과 중국 금융 시스템의 급소를 찌르는 것이지만, 홍콩에 진출해 있는 미국 기업과 미국 금융자본도 큰 타격을 받게 되기 때문이다.

시진핑 지도부도 바이든보다는 트럼프가 재선되는 편이 장기적으로는 중국에 유리하다고 판단했던 것으로 보인다. 중국 공격의 선봉에 선 마이크 폼페이오Mike Pompeo 미 국무장관과 양제츠杨洁篪 중국공산당 외교 담당 정치국원이 2020년 6월 17일 하와이에서 1박 2일 비공식 회담을 한 것은 일종의 휴전 밀약으로 볼 수 있다. 미·중 모두 겉으로는 강경하지만 당분간 상황 관리를 원한다는 신호를 보낸 것이다. 7월 말 미국이 휴스턴 주재 중국 총영사관을 폐쇄하고 중국은 쓰촨성 청두 주재 미국 총영사관을 폐쇄하며

1979년 수교 이후 최악의 분위기로 치닫는 듯했지만, 양쪽은 선을 넘지 않으려 조심했다.

《 중국이 미국 인권을 훈계한 시대 》

트럼프가 미국을 망가뜨려가던 2017년부터 2021년까지 4년의 시간 동안 중국은 기회를 맞았지만, 국제사회에서 중국의 소프트파워와 발언권을 키우는 장기적인 성과를 만들어내지 못했다. 미국의 국제적 리더십이 붕괴된 공간에서 시진핑 주석과 공산당은 권력을 강화하고 사회를 통제하는 데 집중했다. 트럼프 대통령은 중국의 인권과 정치 문제에 무관심한 채 민주주의와 인권을 무시하고 국제 규범을 계속 위반했다. 중국도 더는 미국이나 국제사회의 시선에 거리낌이 없어졌다. 2017년 5월부터 신장위구르자치구에서 강제 재교육 수용소를 운영하기 시작했고, 2018년 3월 전국인민대표대회에서 10년이던 국가주석 임기 제한을 철폐해 시진핑 주석이 장기집권할 길을 닦았고, 2020년 홍콩 국가보안법 제정을 강행했다.

2020년 5월 30일 밤, 중국 외교부 화춘잉華春瑩 대변인은 트위터에 글을 올렸다. "아이 캔트 브리드I can't breathe." 미국에서 흑인 조지 플로이드가 백인 경찰관의 무릎에 눌린 채 죽어가면서 외친 '숨을 쉴 수 없디'는 말로, 미국의 상황을 조롱한 것이다. 1979년 미-중 수교 이후 미국은 항상 중국에 민주와 인권을 훈계해왔지만, 트럼프 시기 들어 중국이 미국에 민주를 훈계하는 일이 잦아졌다. 자오리젠 중국 외교부 대변인은 "미국은 홍콩 경찰의 절제되고 문명적인 법 집행은 비난하면서 국내 시위에 대해서는 총을 쏘고 주방위군까지 동원하나"며 "전형적인 이중 잣대"라고 비난하기도 했다. 미국의 혼란을 들이대며, 홍콩 시위대에 대한 중국과 홍콩 당국의 강경 정책을 옹호한 것이다.

트럼프 시대는 전 세계 중국인들에게 거대한 혼란의 시기이기도 했다. 중국 국내외에서 중국공산당에 저항하는 반체제 인사들 중 상당수가 트럼프의 재선을 응원했다. 트럼프가 악당이더라도 '시진핑의 중국'을 아프게 혼내줄 수 있기 때문에 트럼프를 지지해야 한다는 주장을 둘러싸고, 반체제 인사들 안에서도 큰 논쟁이 벌어졌다. 톈안먼(천안문) 학생운동을 주도한 왕단王丹은 "바이든을 대통령 당선자로 인정하는 것을 보류하고 싶다"는 글을 에스엔에스SNS에 올렸다. 중국의 인권변호사이자 오바마 행정부의 도움으로 미국으로 망명한 천광청陳光誠, 반체제 예술가로 알려진 아이웨이웨이艾未未, 중국 당국에 비판적 보도를 해온 홍콩 일간지 《핑궈일보》(蘋果日報·영어명 '애플데일리')의 사주 지미 라이Jimmy Lai도 공개적으로 트럼프를 지지했다.

이에 대한 논란과 성찰의 움직임도 있었다. 톈안먼 시위에 참여한 뒤 중국 최초의 에이즈 환자 지원 단체인 아이즈싱愛知行을 세우고 인권운동을 하다가 여러 차례 투옥되었던 완옌하이萬延海는 "트럼프는 민주주의에 심각한 손상을 입혔다. 중국공산당과 싸우길 원하더라도 괴물이 또 다른 괴물을 잡아먹는 것을 기대해서는 안 된다. 중국을 변화시키는 길은 중국인들이 민주주의에 참여하도록 변화시키는 것"이라고 말했다. 트럼프라는 괴물이 중국공산당을 압박해 긍정적 변화를 만들 수 있다는 환상에서 벗어나라는 호소다.

𝕶 대안이 되지 못한 천하질서 실험 𝕷

2020년 11월 미국 대선이 혼란 끝에 조 바이든 민주당 후보의 승리로 끝나면서, 트럼프와 시진핑의 기묘한 공생 시대도 막을 내렸다. 트럼프의 반중 공세는 거칠었지만, 중국이 농산물 구매 등의 거래로 관리할 수 있었다. 트럼프가 재선되었다면 독일, 프랑스 등 유럽 국가들이 미국과의 결별을 고민했을 것이고, 미국의 동맹 체제가 훨씬 약화되면서 미국의 쇠락이 가속화할 것으로 중국은 기대할 수 있었을 것이다.

바이든이 등장하면서 중국의 고민은 깊어졌다. 바이든 행정부는 트럼프식의 요란하고 낡은 무역전쟁이 아닌, 동맹들의 힘을 결집하고 반도체를 비롯한 첨단기술과 무역 규범, 인권 등의 전선에서 체계적으로 중국을 견제하는 구상을 한 발 한 발 진전시키고 있다. 중국의 위구르인들에 대한 인권 침해, 홍콩 민주주의 훼손 등 인권과 가치의 문제를 핵심 이슈로 거론하면서 아시아와 유럽의 동맹들을 하나씩 끌어들여 중국을 포위하고 있는 바이든 행정부의 전략은 시진핑 지도부에게 곤혹스러운 과제를 던지고 있다.

트럼프 시대 미국이 국제적 리더십을 스스로 무너뜨리는 동안, 중국은 일대일로 정책을 통해 새로운 국제질서인 천하체계를 실험했다. 시진핑이 이끄는 중국은 더는 서구의 제도와 사상을 따르지 않고 중국의 길을 가겠다고 선언했다. 덩샤오핑이 설계한 도광양회韜光養晦(실력을 감추고 힘을 기른다)의 규범을 충실히 연기했던 전임자 후진타오와 달리, 시진핑은 '중화민족의 위대한 부흥'이란 기치 아래 공세적 외교를 추진했다. 중국은 미국 힘의 공백을 틈타 홍콩, 신장, 남중국해, 대만, 인도와의 국경 분쟁 등에서 초강수를 두었다. 미국이 본격적으로 중국 포위에 나설 가능성에 대비해, 약점이 될 만한 위험 요소들의 싹은 모두 자르려 했다. 미국이 홍콩을 이용해 중국을 흔들거나 홍콩의 민주화 시위가 본토에도 영향을 미칠 우려를 사전에 차단하기 위해 홍콩 국가보안법 입법도 밀어붙였다.

국제적 비판이 고조될수록 중국은 힘을 과시하려 했다. 중국 지도부는 물러서거나 타협하는 모습을 보이면, 미국이 약점을 파고들게 되고 국내에선 시진핑의 지도력에 도전하려는 세력의 빌미가 될 것이라는 강박에 사로잡혀 있다. 소련 붕괴의 교훈, 문화대혁명의 트라우마와 함께 미국과의 대결에 대한 위기감은 시진핑 체제를 만들어낸 3대 축이라 할 수 있다. 시진핑의 천하질서 실험은 돈과 군사력을 과시했지만, 대안적 세계가 아닌 퇴행적 질서를 보여주었다. 힘을 통해 중화제국의 부활을 거듭 확인하려는 중국의 행보에 주변국들에서 번진 불안감을 중국은 제대로 보지 못했다.

2부 설계자들

왕후닝

王滬寧

중국몽의 설계자

〖 지도자가 된 전략가 〗

시진핑 시대 중국의 정책 설계도를 그리는 전략가 왕후닝은 '중국 공산당의 제갈량', '중국의 키신저' 등으로 불린다.

그는 중국 최고지도부인 정치국 상무위원 7인 중 한 명(권력 서열 5위)이며, 중앙서기처 서기 겸 중앙정책연구실 주임을 맡고 있다. 중국 최고지도부에 오르려면 여러 지방을 통치하며 업적을 증명해야 하지만, 그는 학자 출신으로 지방 통치 경험도 없고 특정 정치 세력에 속하지 않는데도 당원 9000만 명에 이르는 중국 공산당 권력의 정점에 올랐다. 지도자의 책사로서 막후의 그림자처럼 움직이던 그가 2017년 10월 25일 중국 최고지도부의 일원인

정치국 상무위원이 되어 무대의 중앙에 등장한 것은 정치적 이변으로 여겨졌다.

이는 시진핑 지도부가 왕후닝의 전략을 그만큼 중시한다는 신호다. 왕후닝이 맡고 있는 중앙정책연구실은 중국공산당의 이론과 정책을 만드는 곳인데 왕후닝은 2002년부터 지금까지 이 조직을 이끌고 있다. 그는 장쩌민 주석에게 발탁되어, 후진타오 시절과 시진핑 시대까지, 최고지도자 세 명의 정책을 직접 설계하고 보좌한, 중국공산당 역사에서 매우 이례적인 인물이다. 중국공산당 당헌에 명시된 지도 이념인 장쩌민의 '3개 대표론'(공산당이 노동자·농민, 지식인과 함께 자본가의 이익도 대변한다는 이론), 후진타오의 '과학적 발전관'(지속 가능하고 균형 잡힌 성장 추진), 시진핑의 신시대 중국 특색 사회주의 사상이 모두 그의 작품으로 알려져 있다. 시진핑 시대의 비전인 중국몽과 일대일로 정책에도 왕후닝의 전략이 주요하게 반영되었다. 국제정치학자 출신인 그는 중국의 외교 정책에도 핵심적인 역할을 한다. 후진타오 시기부터 시진핑 시기까지 그는 최고지도자의 정상회담에 대부분 배석했다.

왕후닝은 개인적 면모를 거의 드러내지 않는 신비주의적 면모로 유명하다. 그의 사생활에 대해서는 사무실에 야전침대를 가져다놓고 밤낮을 가리지 않고 일에 매달리는 일중독자라는 것과 세 번의 결혼을 했다는 것 정도가 알려져 있을 뿐이다. 그러나 그의 사상에 대해서는 그가 상하이의 명문 푸단대 국제정치학과 교

왕후닝은 장쩌민 주석에게 발탁돼, 후진타오 시절과 시진핑 시대까지
최고지도자 세 명의 정책을 직접 설계하고 보좌한, 중국공산당 역사에서
매우 이례적인 인물이다. 2017년 10월 25일 베이징 인민대회당에서
언론 브리핑에 참석한 모습.(AP=연합뉴스)

수로서 1990년대 중반까지 발표한 논문과 저서들을 통해 비교적 상세히 알려져 있다.

왕후닝의 사상적 궤적은 1978년 개혁개방으로 외부에 문을 열고 서구를 적극적으로 흡수한 뒤 현재는 신권위주의적 체제를 강화하고 있는 중국공산당이 걸어온 길을 보여주는 지도와도 같다.

10대 시절 병약했던 왕후닝은 문화대혁명 시기에 지식 청년들이 농촌으로 보내져 고된 노동을 하던 하방을 피하고, 17세에 상하이사범대학 간부학교 외국어 교육반에 들어가 프랑스어를 공부했다. 문화대혁명이 끝나고 1978년 대학입시와 대학원 제도가 회복되자 그는 상하이의 명문 푸단대학 국제정치학과 대학원에 입학했는데, 이때 저명한 마르크스주의 정치경제학자인 천치런陳其人이 그의 지도교수였다.

1981~1991년까지 푸단대학에서 왕후닝과 함께 공부했던 샤밍夏明 뉴욕시립대 교수의 회고에 따르면, 왕후닝은 마르크스레닌주의 정치경제학에서 출발해, 서방의 학술사상과 정치 체제에 대한 연구로 영역을 넓혀 중국 정치 체제와의 비교연구로 나아갔다. 당시 왕후닝은 중국 학계에 서방 학술사상을 소개하려 했고, 미국 정치학자 로버트 달의《현대정치 분석》(Modern Political Analysis)을 번역하기도 했다.

1980년대는 많은 중국 지식인들이 서구식 민주주의에 기대를 걸었던 시기다. 1980닌대 초 왕후닝도 13차 당대회 정치보고에 참여해 당-정(공산당과 정부) 분리에 대해 연구하기도 했다. 왕후닝은 1984년 공산당에 가입했고, 1985년 서른 살의 나이에 푸단대 역사상 최연소 교수가 되었다. 1986년 무렵 왕후닝은 중국 사상계에서 신권위주의를 처음으로 주창하기 시작했다. 신권위주의는 비서방 후발국가들에서는 강력한 지도자가 철권통치로 사회를 강하게 통제하면서 경제발전을 추진하는 권위주의 단계를 거쳐야만 점진적으로 정치 민주화로 나아갈 수 있다는 이론이다. 1960년대 새뮤얼 헌팅턴 하버드대 교수가 비서구 국가의 근대화 과정에 대해 제시한 이론이다.

이후 왕후닝은 두 차례의 미국 방문 경험에서 다원주의, 다당제, 선거제도 등 미국 모델이 중국에 맞지 않는다는 확신을 더욱 강화했다. 1988년부터 이듬해까지 미국에서 미국 정치를 관찰하고 쓴《미국이 미국을 반대한다》(美国反对美国)에서 그는 조지 H. W. 부시와 마이클 듀카키스가 대결한 1988년 미국 대선에 대해 비판적으로 서술했다. 그는 '미국이 공평한 기회의 땅이며 누구나 대통령이 될 수 있다'는 주장은 사실이 아니며, 서구식 민주는 명목상으로만 존재할 뿐 실제로는 기득권 집단이 미국 정치를 지배하고 있다고 분석한다. 이후 중국은 서구와 다른 고유한 정치 모델, 강력하고 중앙집권화된 리더십이 필요하다는 그의 신권위주의 이론은 더욱 강화된다.

왕후닝의 이론은 대외적으로는 서구 패권에 도전하는 중국식 국제질서 구상으로 이어진다. 《미국이 미국에 반대한다》에서 그는 '미국에 도전하는 아시아'라는 개념을 소개하며, 일본의 '태양제국'이 2차 대전에서 군사적으로, 1980년대에 경제적으로 미국을 위협한 것처럼, 서구의 개인주의와 향락주의, 민주주의는 결국 아시아의 집단주의, 권위주의에 패배한다고 주장했다. 이는 집단주의와 신권위주의에 기반한 중국이 결국은 미국에 대해 승리를 거둘 것이라는 함의를 담고 있다.

1989년 베이징에서 톈안먼 시위가 벌어지고 주요 도시들에서도 이에 호응한 민주화 시위가 열리는 동안 왕후닝은 시위와 거리를 두었다. 톈안먼 시위 진압 이후 상하이 당서기에서 중국 최고지도자가 된 장쩌민 주석은 왕후닝을 비롯한 상하이의 인재들을 베이징으로 불러들였다. 왕후닝은 1995년 공산당의 통치 이론과 대외 정책 등을 작성하는 중앙정책연구실의 정치조장으로 중앙에 입성했다. 이후 지금까지 25년 동안 장쩌민-후진타오-시진핑으로 지도자는 바뀌었지만 '정책 설계자'는 언제나 왕후닝이었다. 왕후닝의 중국식 신권위주의 이론이 중국공산당의 강권통치 속에 이루어지는 급속한 경제발전과 국가의 부흥을 뒷받침하는 이데올로기이자, 중국의 현실에 따라 진화해왔기 때문이다.

◖ 신권위주의2.0 ◗

왕후닝과 함께 중국 신권위주의를 대표하는 학자인 샤오궁친蕭
功秦 상하이사범대 교수는 덩샤오핑의 중국을 신권위주의1.0, 시
진핑의 중국을 신권위주의2.0의 시대로 구분한다. 샤오 교수는
2018년 11월 톈저연구소가 개최한 '개혁개방 40주년 토론회'에
서 덩샤오핑이 구축한 중국식 신권위주의1.0은 공산당의 강권통
치를 기초로 시장경제를 발전시키려는 것이었지만, 공산당의 통
치 지위에 도전하지만 않는다면 경제발전에 도움이 되는 모든 체
제를 수용할 수 있다는 다원성을 내포한 유연한 신권위주의였다
고 평가한다. 장쩌민·후진타오 시기까지는 이 모델에 기초해 경
제 체제 전환과 성장의 성과를 거뒀지만, 심각한 부작용도 누적되
었다. 권력과 자본이 결탁하면서 부패와 빈부격차, 이익집단끼리
의 경쟁과 충돌이 극심해졌다. 이를 해결할 방법을 놓고 문화대혁
명의 구호로 자본주의를 반대하는 극단좌파와 서구식 민주혁명
을 외치는 극단우파가 거리에서 충돌할 수도 있는 정치적 위험에
대한 심각한 인식이 시진핑 시대 신권위주의2.0의 출현 배경이라
는 게 샤오궁친의 해석이다.

시진핑 시대 신권위주의2.0은 강경 신권위주의라고 볼 수 있
다. 공산당의 전통 조직과 이념을 강화해 지도자와 당의 중앙에
권력을 고도로 집중시키고, (서구식 민주주의 이념 등) 보편가치, 삼

권분립 같은 민감한 용어는 아예 거론하지 못하도록 금지령을 강화해 사회의 다원성을 억제하고 통치질서의 안정성을 강화함으로써 개혁에 대한 반발을 억누르고 개혁을 심화시켜야 한다는 것이 그 명분이었다. 주요 개혁을 추진하기 위한 '전면개혁심화영도소조', 개혁 과정에서 저항 세력의 반발을 통제하기 위한 '국가안전위원회'가 2014년 설립되었다.

시진핑 시대 당과 최고지도자의 권력 강화 필요성을 설명하는 이런 해석에 대해 시진핑이 집권했을 당시 중국의 리버럴(중국에서는 우파) 세력이 정권에 위협이 될 정도로 급진적이거나 과격파가 아니었는데도 존재하지도 않는 표적을 설정해 독재정치를 정당화하려 한다는 비판(장보수 미 컬럼비아대 객원교수 등)이 나온다. 신권위주의는 일정 기간의 강권통치를 거쳐 민주화로 이행한다는 이론이지만, 시진핑 시대 들어서는 민주화 대신 '중국의 특색을 가진 민주'가 최종 목표로 강조된다. 1972년 유신 당시 박정희 정부가 내세운 '한국적 민주'를 떠올리게 한다. 이는 보편가치와 민주제도를 서구적인 것으로 배척하고, 당의 권력을 강화해 국내의 비판과 이견을 용납하지 않는 권위주의 정치 모델을 영속화하려는 흐름으로 나타나고 있다.

왕후닝의 역할은 1989년 톈안먼 시위에 대한 유혈 진압 이후 중국 지도부가 민주화를 요구하는 학생·노동자들의 목소리를 홍위병의 부활로 두려워하고 소련 해체가 중국에서 재현될 것을 우려해 정치개혁의 문을 닫으려 했을 때, 최고지도부의 이런 의도를 정확히 이해하고 이념적으로 뒷받침하는 것이었다. 지식인의 사상적 유능함이 현실 권력 옹호에 사용되었고 그 성과에 따라 왕후닝의 정치적 지위도 계속 상승했다.

▌《 일대일로의 꿈 》

중국 국내에서 공산당과 최고지도자 시진핑의 권력을 극도로 강화한 신권위주의2.0은 국제적으로는 서구 중심의 국제질서에 도전해 중국 중심의 새로운 질서를 만들어나가려는 일대일로 정책과 나란히 추진되었다. 왕후닝이 설계한 일대일로는 중국의 국제적 영향력 확대, 중국 중심의 무역·금융 질서 구축, 에너지 공급 안정화 등을 포괄적으로 고려한 광범위하고 장기적인 프로젝트로, 시진핑 시기 중국 대외 전략의 핵심 축이다.

중국 국유은행들이 3조 위안(522조 5400억 원)이 넘는 외환보유고를 활용해 일대일로 참여 국가들의 기간산업 건설 분야에 대규모 자금을 차관 형태로 제공한다. 여기에 중국 국내에서 과잉생산 문제로 위기에 빠진 기업들과 노동력을 대거 참여시켜 해외에서 광활한 새 시장을 확보하게 한다. 중앙아시아와 아프리카, 중동 등의 국가에서 대규모 자원을 개발하고 에너지 수송로를 확보하는 한편 유라시아와 아프리카에서 중국의 영향력을 확장해가는 원대한 전략이다. 이에 대해 미국 중심의 세계 질서에 도전해 중국의 '천하질서'를 확장하려는 '21세기 신조공 체제'라는 평가가 나왔다.

2013년부터 추진된 이 거대한 프로젝트는 현재 중국의 내부와 외부 모두에서 큰 도전에 직면해 있다. 일대일로 사업을 통해 중국은 3500억 달러를 참여 국가들에 차관으로 제공했는데, 이 중 절반가량은 고위험 부채로 평가된다. 국내총생산 대비 중국에 대한 부채의 비율이 아프리카 지부티는 80퍼센트, 에티오피아는 20퍼센트, 키르기스스탄은 40퍼센트 정도로 평가된다. 미국 등 서방 국가들은 중국이 이들 국가를 빚의 함정에 빠뜨려서 부채를 상환하지 못하면 전략적 요충지를 중국이 장악하는 사실상의 제국주의 정책을 펴고 있다고 비판한다. 거액의 부채를 갚지 못해 함반토타 항구를 99년 동안 중국에 내준 스리랑카의 사례 등이 대표적이다.

특히 2020년 코로나19 대유행으로 위기에 빠진 많은 아프리카와 아시아 국가들은 중국에 부채 탕감이나 부채 상환 유예를 요청했다. 중국 국내에서는 중국의 막대한 외환보유고가 해외에서 제대로 수익도 내지 못하고 낭비되는 것에 대한 비판이 커지고 있다. 전 세계에서 코로나 위기가 장기화하면서 이전처럼 중국의 기업과 노동자가 중동·아프리카까지 진출해 대규모 공사와 사업을 하는 모델은 당분간 불가능해졌다. 논란이 많은 사업을 정리하고 전략적 의미가 큰 국가와 사업에 역량을 집중하는 선택과 집중이 이루어질 것이다. 하지만 중국 중심의 국제·무역·금융 질서를 만들어내 중화의 천하질서를 복원하려는 일대일로의 장기적 실험은 계속될 것이다.

청제국이 서구 열강의 침입에 무릎을 꿇은 이후 중국은 서구를 어떻게 배워서 근대화와 부강을 이룰 수 있을지 오랫동안 고민하고 실험해왔다. 중국의 전통과 서구의 과학기술을 절충하려는 '중체서용中體西用'을 거쳐서 봉건을 타파하고 서구의 과학과 민주를 배우려던 신문화운동, 문화대혁명 시기의 전통 파괴와 공자 타도 운동에 이어, 1980년대부터는 서구식 근대화를 따라잡으려는 과정이 본격적으로 진행되었다. 이제 시진핑 시대 부강해진 중국은 중화민족의 위대한 부흥이 다가왔으니, 더 이상 서구식 모델은 필요치 않다고 선언하고 있다.

자오리젠

趙立堅

늑대전사의 천하체계

▌《 "진실이란 아픈 법" 》▌

"워싱턴의 백인들은 도시의 남서쪽에는 가지 않는다. 흑인과 라
틴계가 주로 사는 지역이기 때문이다."

　　미-중 갈등이 위태로워지고 있던 2019년 7월, 자오리젠 주파
키스탄 중국대사관 공사가 트위터에서 미국을 겨냥해 포문을 열
었다. 유엔에서 미국을 비롯한 22개국이 중국의 신장위구르자치
구의 재교육 강제수용소를 비판하는 성명을 발표하자 자오리젠
이 미국의 인종차별을 비꼬며 반격에 나섰던 것이다. 이에 오바마
행정부의 백악관 국가안보보좌관이었던 수전 라이스Susan Rice(바이
든 행정부 백악관 국내정책위원회 국장)가 "당신은 수치스러운 인종

주의자"라고 비판하자 자오리젠은 다시 트위터에서 "진실이란 아
픈 법"이라고 맞받았다.

얼마 뒤 자오리젠은 트위터에 "파키스탄을 떠나게 되었다"며
고별인사를 올렸다. 물의를 일으켜 교체된 것일까. 추측이 떠도는
사이 그는 그해 8월 파격적으로 외교부 대변인으로 발탁되었다.

2020년 3월 12일, 자오리젠 대변인은 "미군 병사들이 전염병
을 우한에 가져왔을지도 모른다"며 미국이 코로나19 바이러스를
중국에 퍼뜨렸을 수 있다는 음모론을 영어와 중국어로 트위터에
올렸다. 다음 날 미 국무부는 추이텐카이崔天凱 주미 중국대사를 불
러 항의했다.

1972년생인 자오 대변인은 1996년 외교관이 되었고 2005
년 한국개발연구원에서 공공 정책으로 석사학위를 받았다.
2009~2013년 워싱턴에서, 2015~2019년 파키스탄에서 근무했
다. 워싱턴에 근무하던 2010년 5월 트위터 계정을 개설했는데, 중
국 외교관 가운데 트위터 외교의 선구자다.

자오리젠 대변인은 시진핑 시대 중국 외교의 날카로운 혀다.
중국 국내에선 트위터 사용이 금지되어 있지만, 《환구시보》(環球
時報) 등 중국 관영 언론들은 자오리젠이 미국과 싸우는 트위터 내
용을 상세하게 중계한다. 대변인 자오리젠은 '이제 중국이 미국에
두려움 없이 맞설 수 있게 되었다'는 메시지를 중국인들에게 보여
주는 상징이다. 자오리젠은 중국 인터넷의 영웅이며, 그의 어록은

자오리젠 중국 외교부 대변인이 2020년 2월 베이징
중국 외교부에서 정례브리핑을 하고 있다.(AP=연합뉴스)

연일 중국 인터넷의 화제다.

자오리젠의 성공담 이후 화춘잉 중국 외교부 대변인 등 외교관들이 잇따라 트위터 계정을 열고 미국을 겨냥한 말의 전쟁에 뛰어들었다. 미국에서 비무장한 흑인 조지 플로이드가 백인 경찰의 무릎에 짓눌려 숨진 뒤 '흑인 생명도 소중하다'(Black Lives Matter) 시위가 확산되자, 화춘잉 대변인은 플로이드가 죽어가며 외친 "아이 캔트 브리드"를 트위터에 올리며 미국의 혼란을 비꼬았다.

코로나19가 전 세계로 무섭게 확산되고 발원지 중국에 대한 원망이 치솟던 2020년 봄, 중국 외교관들은 자국의 대응을 옹호하며 애국주의 외교를 더욱 강화했다. 4월 중순 루사예盧沙野 주프랑스 중국대사는 홈페이지에 글을 올려 "코로나19 사태에 대한 서방의 대응은 '느림보'"라며 "프랑스 양로원 직원들이 밤중에 임무를 포기해 수용자들을 굶기고 병들어 죽게 했다"고 주장해, 프랑스인들의 격렬한 반발을 샀다.

중국 외교관들의 공세적 행태는 '늑대전사 외교'라는 악명을 얻었다. 아프리카에서 전직 중국 군인이 미국인 악당들을 물리치고 중국인과 현지인들을 구한다는 중국판 람보 영화인 〈늑대전사〉(戰狼)에 비유한 표현이다.

◤ 양날의 칼, 애국주의 ◢

왜 시진핑 시대 들어서 중국 외교는 이토록 공세적으로 변했을까.

중국 외교의 강경함은 국내 정치에서 나온다. 중국공산당 통치의 정당성은 마오쩌둥 시기에는 외세를 몰아내고 통일을 이루어서 건국한 것(站起來), 덩샤오핑-장쩌민-후진타오 시대에는 급속한 경제발전을 이룬 것(富起來)에서 나왔다. 하지만 시진핑 시대 들어 초고속 성장은 더 이상 지속되기 어려워졌고 화려한 성과 뒤에 가려진 빈부·도농·지역 간의 격차는 사회의 안정을 위협하는 동시에 공산당 통치의 정통성을 흔들었다. 중국공산당 지도부는 강해짐(强起來)으로 새 정통성을 만들기로 했다. 중화민족의 위대한 부흥으로 중국의 꿈(중국몽)을 이루겠다고 선포했다. 그에 따라 시진핑 주석은 21세기의 황제로서 천하를 호령하고, 천하가 중국을 떠받드는 강력한 중화제국의 부활을 보여주려 한다. 그러려면 실력을 과시하지 않고 조용히 힘을 기르는 덩샤오핑 시대의 외교 전략인 도광양회의 틀에서 벗어나 힘을 과시하며 할 일을 하는 분발유위奮發有爲의 행보로 강한 중국을 과시해야 한다. 한편에선 근대에 들어와 중화민족이 서구와 일본 등 외세의 침략으로 겪은 지난한 고통을 강조하면서 중국공산당이 100년에 걸쳐 중국을 구원했다는 애국주의 서사를 더욱 요란하게 선전한다. 시진핑 시대의 구호인 '네 개의 자신'은 인민들이 중국의 노선·정치 체제·지도

이념·문화에 자신감을 가질 것을 요구하며, 서구의 이념과 체제를 배격한다. 이런 구도에서 외부의 비판에 타협하지 말고 강하게 맞서야 한다는 목소리는 점점 커질 수밖에 없다.

시진핑 지도부는 외부의 적대 세력이 중국을 붕괴시키거나 해를 끼칠 의도를 가지고 있으므로, 중국의 공세는 방어를 위한 것이며 중국의 내정에 다른 국가들이 참견할 수 없다고 주장한다. 미국 트럼프 행정부가 반중 공세를 강화할수록, 시진핑 지도부는 위기에 단결해야 한다는 여론을 결집시키며 국내 비판 여론을 침묵시키는 데 그것을 활용했다. 그 결과로 분출한 애국주의 여론은 당국에는 양날의 칼이었다.

1989년 톈안먼 사태 이후 강화된 애국주의 교육의 영향 속에서 초고속 경제성장에 강한 자부심을 가진 신세대가 출현했다. 2008년 미국발 금융위기와 대비되며 중국의 성취를 극적으로 보여준 베이징올림픽을 거쳐, 2010년 일본을 제치고 세계 2위의 경제대국으로 부상한 이후 중국의 자신감은 급속도로 커졌다.

미국 트럼프 행정부가 중국을 거세게 비난하고 도발할 때마다 중국인들은 공산당이 미국에 밀리지 않는 강한 모습을 보여주길 기대했다. 중국 인터넷에는 "미국은 곧 망할 것", "감히 중국을 건드릴 수 없다" 같은 강경한 언사가 넘쳐났다. 중국 당국은 애국주의 여론이 과도하게 끓어올라 국제사회와 충돌할 때는 검열을 통해 통제에 나서지만, 애국주의라는 중요한 충성의 원천을 결코 포기할 수는 없다.

중국공산당이 국내의 정치적 목적을 위해 애국주의를 강화해 충성을 이끌어내면서 국제사회와는 충돌이 거듭된다. 2020년 10월 23일 중국이 '항미원조(미국에 맞서 북한을 지원) 전쟁'이라 부르는 한국전쟁 참전 70주년을 앞두고, 이를 미국 제국주의에 맞선 승리로 추앙하는 선전이 한껏 고조되었다. 그 과정에서 중국 네티즌들이 방탄소년단의 "한미의 고귀한 희생" 발언을 트집 잡아 논란이 벌어졌다. 시진핑 주석은 "중국의 참전은 미국 제국주의 침략에 저항하는 정의의 싸움"으로 규정하고, "과거 (한국) 전쟁에서 했던 것처럼 우리는 제국주의(미국)와 싸워야 한다"고 선언했다. '항미원조 전쟁' 뒤 70년이 흐른 지금의 미-중 신냉전에서도 중국이 결국은 미국에 승리하게 될 것이라는 메시지를 국민들에게 강조하려는 국내 정치용 발언이지만, 민감한 냉전의 역사를 정치화하는 선전 정치는 한국에서 중국에 대한 분노를 고조시켰다.

〗 닭을 죽여 원숭이를 겁주려다 〖

외부의 비판에 중국은 경제적 힘으로 대응한다. 대규모 구매와 투자 등 당근 외교와 함께 중국의 국익에 손해를 끼쳤다고 판단한 국가에 대한 사정없는 채찍 외교가 빈번해졌다.

2010년 중국 체제를 비판해온 인권운동가 류샤오보劉曉波에게 노벨평화상을 준 보복으로 노르웨이산 연어 수입을 금지한 것은 중요한 분기점이었다. 2016년 한국의 주한미군 사드(고고도 미사일방어체계) 배치 허용에 대한 보복은 지금도 계속되고 있다. 2018년 12월 중국 통신기업 화웨이의 멍완저우孟晚舟 최고재무책임자가 미국의 대이란 제재를 위반한 혐의로 캐나다에서 체포되자 중국 당국은 캐나다인 두 명을, 국가 안보를 이유로 체포했고 캐나다산 콩·캐놀라·고기 수입을 금지했다.

2020년 4월 호주가 중국의 초기 코로나19 대응을 비판하고 코로나19 발원지에 대해 독립적 조사를 해야 한다고 공개적으로 요구한 이후 중국은 호주산 쇠고기, 보리, 와인, 로브스터 등에 줄줄이 수입 제한 조치를 취했다. 자오리젠 외교부 대변인은 호주군의 아프가니스탄 민간인 학살을 비난한다며, 호주 병사가 아프간 소년의 목에 칼을 들이댄 합성 이미지를 트위터에 올렸다. 격분한 모리슨 호주 총리가 즉각 비난 기자회견을 열고 사과를 요구했으나, 중국 외교관들은 더 강하게 반격했다.

중국이 특히 호주에 대해 모든 카드를 총동원해 난타를 가한 것은 전략적 계산에 근거한 조치였다. 호주는 미국의 첩보동맹인 '파이브 아이즈Five Eyes'(미국, 영국, 캐나다, 호주, 뉴질랜드 5개국이 전 세계 통신을 감청하고 정보를 분석하는 동맹 체제)의 일원이자 중국 견제를 염두에 둔 미국·일본·인도·호주의 안보협의체인 '쿼드Quad'의 한 축이다. 하지만 호주는 수출의 거의 40퍼센트를 중국에 의존하는 큰 약점을 가지고 있다. 호주를 무릎 꿇림으로써 미국이 동맹을 결집해 중국을 견제하려는 구상에 큰 균열을 내고 미국의 다른 동맹국에도 '너희들도 이렇게 될 수 있다'는 경고를 보내려 한 것이다. '닭을 죽여 원숭이를 겁주는'(殺鷄警猴·살계경후) 포석이다.

결론은, 중국에 득보다 실이 컸다. 호주 재계를 중심으로 정부가 섣부른 외교로 너무 큰 손실을 입었다는 불만이 나왔지만, 호주는 중국에 무릎 꿇지 않았다. 국제사회에서는 중국의 거친 외교에 맞서려면 민주국가들이 연대해야 한다는 공감대가 확산되었다. 과도한 대중국 경제 의존에 대한 경계감도 커졌다. 중국은 호주산 석탄 수입을 제한했다가 한겨울에 전력 부족으로 10여 개 도시에서 단전 사태가 벌어져 공장 가동이 중단되고 주민들의 불만이 속출하기도 했다.

《 스스로 망친 기회 》

트럼프가 국제사회에서 미국의 위상을 허물고 소프트파워를 스스로 파괴하는 동안 중국은 천재일우의 기회를 얻었지만, 돈으로 상대를 굴복시키려는 거친 외교를 벌이면서 스스로 기회를 망쳤다. 전 세계 130여 국가에 중국은 최대 수출 시장이다. 중국의 경제 채찍 외교는 분명 즉각적인 효과를 낸다. 하지만 장기적으로는 세계 곳곳에서 중국에 대한 깊은 반감을 확산시킨다.

중국은 지금 금융, 군사력, 첨단 과학 기술에서 미국에 뒤져 있지만 미국은 쇠락하고 있고 중국은 14억 인구의 방대한 시장과 상승하는 경제력을 가지고 있기 때문에 결국 시간은 중국의 편이며 건국 100주년인 2049년 이전에 중국이 미국을 꺾고 세계 최강 대국의 지위를 확고히 할 것이라는 서사를 강조하고 있다. 중국은 미국이 급속하게 쇠퇴하고 있다는 초조감 때문에 중국을 견제하고 봉쇄하려 한다고 주장한다. 중국 엘리트 내에선 '중국이 어떤 태도를 취하든 미국은 이미 중국을 무너뜨리기로 결심했다'는 개념이 널리 퍼져 있다. '중국이 어떤 양보를 해도 중국을 꺾으려는 미국의 태도는 달라지지 않을 것'이라는 중국 지도부의 판단은 홍콩 국가보안법 강행, 신장위구르자치구의 강제수용소 설치, 남중국해 영유권에 대한 강경한 태도, 히말라야에서 인도와의 대치 등 거침없는 행보에 영향을 미친다.

바이든 미국 대통령이 2021년에 '민주주의정상회의'를 개최하겠다는 구상을 밝힌 것은 중국의 비민주적, 권위주의적 행태에 대한 국제사회의 반감이 중국의 약점임을 간파했기 때문이다. 중국과 국제사회를 이어주는 공동의 이상이 부재한 상황에서 중국은 경제적 힘으로 반감을 누르고 미국의 전략에 맞대응하려는 전략에 더욱 집중한다. 2020년 12월 30일 중국은 7년 동안 협상해 온 유럽연합과의 포괄적 투자협정을 서둘러 체결했다. 유럽 기업들이 통신, 금융, 전기차 등의 분야에서 중국 시장에 더 쉽고 넓게

접근할 수 있도록 하는 내용이다. 미국 바이든 행정부가 유럽과의 동맹을 강화해 중국을 견제하기에 앞서, 중국이 거대 시장을 유인 책 삼아 유럽연합을 끌어당기는 포석을 먼저 놓은 것이다. 하지만 유럽연합 의회와 27개 회원국들의 의회에서 비준을 받는 과정에서 중국의 인권·노동 문제 등을 둘러싸고 논란이 심해지면서 비준 절차가 사실상 중단되었다. 이에 앞서 중국은 미국의 동맹인 한국, 일본까지 포함한 14개국과 역내포괄적경제동반자협정RCEP 도 체결했다.

코로나19 책임론과 중국에 대한 원망이 큰 상황을 반전시키기 위해 중국은 백신 외교에도 힘을 쏟았다. 미국, 유럽 등 부국들이 자국이 개발한 백신을 자국민들에게만 우선 접종하는 동안 중국은 중국산 백신을 개발도상국과 일대일로 참여 국가들에 적극적으로 보급해 '결국 우리에겐 중국밖에 없다'는 반응을 이끌어내려 했다.

중국 외교가 처한 사면초가의 상황에 대해 내부에서 우려의 목소리가 전혀 없는 것은 아니다. 2020년 5월 위안난성袁南生 전 샌프란시스코 총영사는 일본이 진주만 공격으로 미국, 영국, 프랑스, 호주, 중국, 소련과 동시에 관계를 악화시켰던 역사를 되돌아봐야 한다면서 "한꺼번에 여러 나라와 대립하는 것은 매우 심각한 외교적 재난"이라는 글을 올렸다. 그해 7월 "중국에 대한 미국의 원한이 이렇게 큰지 몰랐고, 미국의 중국 때리기가 이렇게 악

독할 줄 몰랐으며, 중국이 이토록 미국에 얻어맞는데도 중국을 지지하는 나라가 없을 줄 몰랐다"는 군부 강경파 다이쉬戴旭 국방대학전략연구소 교수의 탄식도 대중의 관심을 모았다.

하지만 이런 내부 반성의 목소리가 중국의 외교 노선을 온건한 방향으로 수정하게 할 가능성은 낮다. 시진핑 지도부도 외교 고립을 돌파해야 할 필요성을 알고 있겠지만, 여전히 강력하고 위대한 중국을 과시해야 할 국내 정치적 수요가 크다. 2021년은 공산당 창당 100주년이고 당의 위대한 업적을 과시해야 하는 한 해다.

시 주석의 절대 권력이 강화되고 반부패를 내세운 숙청이 계속되면서, 관료들이 최고지도자가 듣기 원하는 보고만 올리고 비판적 의견을 말하길 주저하며 정책은 더욱 강경론 쪽으로 기울곤 한다. 게다가 중국 지도부에게 내치內治는 언제나 외교보다 우선이었다. 문화대혁명 초기인 1967~1968년 중국 당국은 전 세계에 나가 있던 42명의 대사 가운데 이집트 대사를 뺀 41명을 모두 본국으로 소환하기도 했다.

중국이 세계를 지배할 때, 세상은 어떤 모습이 될까. 중국의 경제적 굴기崛起와 함께 중국 내에서도 새로운 국제질서에 대한 고민과 논의들이 계속되어왔다. 왕후이王輝, 자오팅양趙汀陽 같은 학자들은 중국이 중화제국의 조공 체제를 긍정적으로 되살려 서구식 근대 국제질서의 대안을 만들 수 있다고 주장한다. 자오팅양은《천하체계》에서 서구의 근대적 국제질서는 국가 간의 경계성을 기본으로 하기 때문에 언제나 자신과 구별되는 적을 분류하고 파괴하려 하지만, 중국의 천하체계는 모든 국가와 민족에 경계를 두지 않고 분류할 수 없는 '하나'로 인정하기에 진정한 세계화가 가능하다고 했다. 시진핑 시대 외교의 주요 구호인 '인류 운명 공동체' 그리고 유라시아를 넘어 아프리카에까지 중국의 영향력을 확장하려는 일대일로 정책은 새로운 천하체계를 현실에 구현하려는 것이다. 그 중심은 중국이며 충성하는 국가에는 경제적 이익이, 불충하는 국가에는 보복이 주어지는 21세기 조공 질서다. 공유할 가치는 희미하고 돈의 힘으로만 유지되는 '인류 운명 공동체'를 세계는 받아들일 수 있을까.

류허

劉鶴

반미 경제전쟁의 사령관

《 '류훙장'의 불안한 휴전 》

미-중 무역전쟁의 중국 쪽 사령관인 류허 부총리가 미국과의 무역협상을 위해 2019년 5월 9일 워싱턴으로 향할 무렵 중국 인터넷에서는 류허를 청일전쟁 패배 뒤에 시모노세키조약을 맺어야했던 청의 북양대신 리훙장李鴻章에 비유하는 글이 퍼졌다. 1895년 시모노세키조약으로 청은 일본에 대만을 할양하고 거액의 배상금을 지급해야 했다. 이제 미국이 무역전쟁을 빌미로 중국의 주권을 침해하려 하고 있으니 류허 부총리가 절대로 굴복해선 안 된다는 여론의 압박이었다.

　　당시 미국은 중국 당국이 '중국제조 2025' 프로젝트를 추진하면서 미래 산업을 주도하는 대형 국유기업과 첨단산업 분야에 대규모 보조금과 금융 특혜를 주고 해외 기업에 기술 이전을 강요하는 행위를 중단하라고 요구했다. 중국은 미국의 요구 대부분을 수용하는 타협안에 잠정 합의했지만, 미국은 중국의 약속을 믿을 수 없다면서 중국이 합의안 이행을 국내법 개정으로 보장하겠다는 내용을 합의문에 명시해야 한다고 요구했다. 협상을 앞두고 중국 지도부가 협상안을 검토하는 자리에서 "지나친 양보를 했다"는 비난이 류허에게 쏟아졌다. 결국 시진핑 주석이 "모든 책임은 내가 진다"며 잠정 합의안 가운데 3분의 1 정도를 빼도록 지시한 것으로 알려졌다.

이후 이어진 몇 번의 협상 결렬과 기나긴 줄다리기 끝에 2020년 1월 15일 워싱턴에서 트럼프 미국 대통령과 류허 부총리가 90여 쪽에 이르는 '1단계 무역합의'에 서명해 불안한 휴전을 이루어냈다. 하지만 중국 내에서는 여전히 류허 부총리를 '류홍장'으로 비꼬는 여론도 있었다. 중국이 2년간 농산물 등 2000억 달러어치가 넘는 미국산 제품을 구매하기로 했지만, 미국은 기존에 부과한 2500억 달러어치의 중국산 제품에 대한 25퍼센트 관세는 유지하기로 했기 때문이다.

류허는 애초 친미적 시장주의자로 알려져 있었다. 하버드대에서 국제금융 등을 공부한 류허는 자원 배분 과정에서 정부의 개입을 줄이고 시장이 기본적인 역할을 해야 한다고 주장해온 학자

2020년 1월 15일 미국 워싱턴 백악관 이스턴룸에서 류허 중국 부총리(왼쪽)와
트럼프 미국 대통령이 서명을 마친 1단계 무역합의문을 나란히 들고 있다.(AP=연합뉴스)

출신이다. 시진핑 주석이 취임하자마자 류허를 경제 책사로 발탁한 것은 '금융 분야 등에서 미국과 협력을 원한다'는 신호로 여겨졌다.

류허의 급부상에는 시진핑과의 긴밀한 신뢰가 있다. 2013년 5월 시 주석이 오바마 행정부의 백악관 국가안보보좌관이던 톰 도닐런Thomas Donilon과 만나 "이 사람이 류허입니다. 나에게 매우 중요한 사람입니다"라고 소개한 것은 유명한 일화다. 두 사람의 인연은 1960년대 류허가 베이징 101중학에, 시진핑이 81중학에 다니던 시절로 거슬러 올라간다. 당 간부 자제들이 다니던 두 명문 학교는 교류가 많았고 시진핑은 똑똑한 학생으로 유명했던 한 살 위의 류허를 알게 되었다. 문화대혁명 시기에 류허는 지린성의 농촌으로 보내져 농사를 짓고 이후 군에 입대했으며 1973년부터는 6년 동안 베이징 라디오 공장에서 일했다. 1979년 인민대학에 입학한 류허는 공업경제학을 전공했고, 이후 국무원 발전연구중심과 국가발전개혁위원회에서 근무했다. 그는 1990년대에 하버드대 케네디스쿨에서 국제금융과 무역으로 석사학위를 받은 뒤, 2003년 중앙재경영도소조 판공실 부주임으로서 중국 경제를 연구했다.

시진핑은 2012년 당 총서기가 되자마자 류허를 중앙재경영도소조 주임으로 발탁했다. 시 주석에게 직접 보고하며 경제 정책을 수립하는 역할이다. 류허가 맡은 첫 과제는 중국의 경제구조를 대수술하는 작업이었다. 후진타오-원자바오溫家寶 체제의 방만한 경제 운영, 특히 2008년 금융위기 이후 경기부양을 위해 국가재정을 과도하게 투자한 결과 부채가 급증하고 공급 과잉, 규제받지 않는 그림자 금융의 문제가 심각했다. 류허는 과잉생산을 해소할 공급 측 개혁, 첨단산업과 내수 중심의 성장 모델 전환, 국유기업의 방만한 운영 개선, 부채 축소 등의 개혁 과제를 강하게 추진하고자 했다.

하지만 2015년 여름 중국 증시가 급락하고 경제성장률도 예상보다 빠르게 하락하기 시작하자 류허의 개혁은 경제 전반에 대한 당의 통제를 강화하는 쪽으로 초점이 바뀌기 시작했다. 2018년 3월 시진핑 2기 지도부에서 류허가 경제부총리로 승진한 직후 훨씬 심각한 도전이 밀려왔다. 트럼프 미국 대통령이 중국에 대한 무역전쟁의 포문을 열었던 것이다. 애초 중국 지도부는 장사꾼 트럼프를 만만하게 여겼다. 실제로 2018년 5월과 7월 류허 부총리가 이끄는 중국 대표단은 미국 제품을 대규모로 구입해 무역 분쟁을 해결하기로 미국 대표단과 원칙적 합의를 했다. 그러나 트럼프 대통령이 두 차례 모두 거부해 타협은 무산되었다. 중국은 그제야 미국의 핵심 표적은 무역적자 축소가 아닌, 중국의 첨단산업 전략 무력화와 국가자본주의 모델 자체를 바꾸라는 요구임을 깨달았다.

≪ '국가자본주의를 겨누다' ≫

반도체와 통신장비의 기술 우위는 누가 미래 산업의 주도권과 군사적 패권을 쥐게 되느냐와 직결된다. 인공지능, 자율주행차를 비롯한 미래 산업, 금융, 무기 시스템도 모두 네트워크와 반도체 기술이 결정한다. '중국제조 2025'는 중국 정부가 나서 이 분야를 적극 육성하려는 것이고, 미국은 이를 포기하라고 요구했다. 미국은 중국의 성장 모델을 국가자본주의로 지목했다. 중국 정부가 국유기업들에 특혜를 주고 금융 시장을 통제하고, 중국 시장에 진출한 해외 기업들에게 강제로 기술 이전을 요구하는 등의 불공정한 모델로 초고속 성장을 이루었다고 비난하면서 중국이 이런 모델 자체를 바꿔야만 한다고 요구했다.

미국의 전방위 공세로 중국 경제의 위기감이 고조되자 류허가 추진하던 개혁은 더는 진행될 수 없었다. 당과 국가가 경제 전반을 강하게 통제하면서 미국과의 전면적인 경제 기술 패권 전쟁에 대비하는 일종의 '전시 경제'의 지휘관으로 류허의 역할도 수정되었다.

미-중 갈등은 중국 개혁개방 이후 40년에 걸쳐 형성된 두 나라의 경제적 원원 관계의 구조 자체가 바뀐 결과다. 홍호펑 존스홉킨스대 정치경제학 교수의 분석에 따르면, 1990년대 중국 정부가 국유기업 민영화를 추진하는 과정에서 미국 월가의 금융기업과 대자본가들이 큰 이익을 얻었고, 중국공산당과 월가 사이에는 협력 관계가 형성되었다. 중국은 미국의 주요 기업들에게 중국 시장을 열어주고 생산기지 건설에 특혜를 주면서 이들을 미국 내에서 중국의 이익을 대변해줄 우군으로 만들었다. 이는 2001년 중국의 세계무역기구 가입으로 이어졌고, 중국은 '세계의 공장'으로 변신해 초고속 성장을 이어갔다.

그러나 중국의 대규모 국유기업들이 중국 정부의 지원을 받아 급성장하자, 미국 기업들은 경쟁력을 잃고 중국 시장에서 밀려나기 시작했다. 특히 2008년 미국 금융위기 이후 중국의 대규모 부양 정책으로 국유기업들이 큰 이익을 얻자 미국 기업들의 불만은 크게 고조되었다. 2012년 중국 정부의 부양 정책이 끝나고 중국의 경제성장률이 떨어지면서 과잉생산의 문제가 두드러지자 시진핑 정부는 중국 기업들의 출구를 찾기 위해 일대일로 정책을 추진했다. 그러자 개발도상국 시장에서까지 중국 기업들에 밀리게 된 미국 기업들의 불만은 더욱 커졌다. 중국이 막강한 외환보유고로 일대일로 참가국들에 대한 투자를 늘리면서 미국 월가의 금융기업들도 타격을 받게 되었다. 140조 달러의 전 세계 유동성 가운데 중국이 차지하는 비중이 25퍼센트 이상으로 증가하면서 미-중 금융자본의 경쟁도 시작되었다. 미국과 중국의 이익이 첨단기술 분야, 금융 부문에서까지 부딪히게 되었다.

2020년 코로나19가 전 세계를 강타하면서 미-중 신냉전을 막는 최후의 안전판으로 여겨졌던 미-중의 글로벌 분업 체제에도 균열이 깊어졌다. 미국 정부는 미국 기업들이 생산기지를 중국에서 동남아 등 미국에 우호적인 곳으로 이전하거나 미국으로 다시 옮길 것을 요구하면서 중국을 글로벌 공급망에서 배제하려 했다. 특히 중국에 대한 반도체와 첨단기술 부품 공급을 차단해, 첨단기술 분야에서 중국에 대한 기술 우위를 확보하려는 데 초점을 맞추고 있다.

《 내수 시장에 의지한 지구전 》

대외 환경이 계속 악화하는 가운데 류허 부총리가 2020년 6월 18일 상하이에서 열린 '루자쭈이 포럼'에서 "국내 순환을 위주로 하고 국제·국내가 상호 촉진하는 쌍순환의 새로운 발전 국면이 형성되고 있다"고 한 발언이 세계의 주목을 받았다. '국내 순환 위주의 경제'(내순환 경제)라는 발언은 중국이 폐쇄적 자력갱생 경제로 돌아가려는 신호라는 논란이 일었다.

7월 21일 시진핑 주석이 진화에 나섰다. 시 주석은 류허 부총리 등과 함께 국내 기업가들뿐 아니라 다국적기업 관계자까지 초청해 토론회를 열고는 "국내 대순환을 주체로 하고 국내·국제가 쌍순환하는 경제"를 언급했다. 이어 "중국 개방의 대문은 닫히지 않을 것이고 점점 더 크게 열릴 것이다. 국내 대순환을 주체로 하는 것은 절대로 문을 닫고 봉쇄하는 것이 아니라 내수의 잠재력을 발휘해 국내 시장과 국제 시장이 더 잘 통하게 하는 것"이라고 강조했다.

　미국이 공세를 강화하더라도 중국은 광대한 내수 시장을 활용해 지구전을 벌이면서, 미국에 의존하지 않는 첨단기술 자력갱생을 달성해 세계 최강 대국의 목표를 이루겠다는 '쌍순환 정책'은 2020년 10월 중국공산당 19기 5중전회와 2021년 3월 전국인민대표대회에서 공식 확정되었다. 이 계획에 따르면 중국의 거대한 시장은 자력갱생의 버팀목이고 국제적인 상품과 자원들을 끌어들이는 중력이다. 류허 부총리는 2020년 11월 25일《인민일보》(人民日報)에 쓴 글에서 "중국은 문을 닫고 완전한 자력갱생을 하려는 것이 아니며 전 세계의 상품과 자원을 끌어들이기 위해 광대한 국내 시장에 의존한다"고 했다. 중국의 거대한 시장을 '강력한 중력장'(引力場·인력장) 삼아 글로벌 생산요소와 유동자금을 대량으로 흡수하겠다는 것이다. 이 시장에 진입하려면 외국 기업들은 중국이 설정한 규칙을 따라야 할 것이다.

　하지만 내순환 경제의 깃발 뒤에는 중국 경제를 둘러싼 외부 환경 악화에 대한 불안감도 짙게 깔려 있다. 미국과의 대결에서 중국이 가장 우려하는 것은 금융전쟁이다. 전 세계 무역 결제의 42퍼센트, 외환보유고의 61퍼센트가 달러로 운용되고 중국 위안화의 비중은 2퍼센트 정도에 불과해, 달러 금융 시스템에서 배제

된다면 무역 거래나 국제 투자가 사실상 불가능해진다.

　미국이 홍콩 국가보안법, 신장위구르 강제수용소와 관련해 중국을 제재할 법을 마련하자, 중국 내에서는 미국의 금융 제재에 대한 경고가 줄지어 나왔다. 저우리 중국공산당 대외연락부 전 부부장은 2020년 6월 22일 정부 산하 연구기관인 사회과학원이 발행하는《사회과학보》에 실은 글에서 "미국이 세계적인 달러의 독점적 지위를 이용해 중국의 발전에 점점 더 심각한 위협을 가할 것"이라며 중국은 위안화를 달러 시스템에서 분리시킬 준비를 해야 한다고 주장했다. 팡싱하이方星海 중국 증권관리감독위원회 부위원장도 6월 말 경제전문지《차이신》(財新)이 개최한 포럼 연설에서 "중국은 미국 달러 결제 시스템에서 분리되는 상황에 대해 긴급한 준비를 해야 한다"면서 "위안화 국제화는 외부의 금융 압력을 상쇄하기 위해 반드시 해야 할 일"이라고 말했다.

　중국은 1조 달러가 넘는 미국 국채를 비롯해 3조 달러의 외환보유고를 자랑하고 있다. 2008년 미국발 글로벌 금융위기 이후 중국은 달러 이후를 준비하며 위안화 국제화를 본격적으로 추진했다. 2009년부터는 대외교역 결제에, 2011년부터는 해외투자와 외자 유치에 위안화를 사용하기 시작했다. 2015년 위안화 국제결제시스템(CIPS·Cross-border Interbank Payment System) 가동은 미국이 달러 결제 시스템 차단을 금융 무기로 쓸 가능성에 대항하기 위한 포석이었다. 이밖에도 중국은 40여 개국 중앙은행과 통화스

와프 협정을 맺었고, 국제통화기금(IMF)의 특별인출권(SDR) 기반통화에 위안화를 편입시켰으며, 일대일로 참여 국가들과의 무역 결제에서 위안화 사용을 늘리려 노력 중이다. 중국이 2020년 세계 최초로 중앙은행인 인민은행이 주도하는 디지털 화폐를 운용하기 시작한 것도 장기적으로는 미국의 금융 시스템을 이용하지 않고 블록체인 기술을 통해 위안화를 기준으로 하는 무역 결제 시스템을 만들려는 포석이라는 해석이 있다. 하지만 중국 당국이 국내 금융 시장을 통제하고 금융자본 자유화를 막는 정책을 바꾸지 않는다면 위안화는 국제 결제 통화가 될 수 없다.

중국 지도부는 국내에서는 첨단기술 자립과 국내 시장에 의존해 미국의 공세를 이겨내려는 지구전을 준비하면서 국제적으로는 미국의 포위망에 맞서서 최대한 우군을 늘리려는 합종연횡合從連衡을 시도하고 있다. 미국의 중국 포위 전략에 맞서 류허는 100년 전 리훙장이 겪은 치욕과는 다른 결말을 만들어낼 수 있을까.

왕치산

王岐山

———

공산당과 월가 자본을 잇다

❴《 부패와의 전쟁의 지휘자 》❵

시진핑 지도부가 막 출범한 2013년 초, 중국에 19세기 프랑스 정치철학자 알렉시 드 토크빌의《앙시앵 레짐과 프랑스혁명》(중국어판《구제도와 대혁명》) 열풍이 불었다.

부패와의 전쟁을 지휘하며 사실상의 2인자로 주목받던 왕치산 중국공산당 중앙기율검사위 서기가 한 간담회에서 추천한 이 책은 곧 공산당 간부와 지식인들 사이에서 베스트셀러가 되었다. 프랑스혁명을 다룬 이 책을 왕치산은 왜 추천했을까? 토크빌은 혁명은 가장 낙후되고 압제에 찌든 사회에서가 아니라, 개혁과 번영이 시작되고 시민들이 평등과 변화를 원하면서 사회의 문제에 눈뜰 때 일어난다고 했다. 왕치산은 중국이 바로 그런 상황에 있다는 경고를 공산당원들에게 보내려 했을 것이다.

왕치산이 지휘한 부패와의 전쟁은 초기엔 인민들의 열렬한 지지를 받았고 개혁이 빠르게 진전될 것이라는 희망을 불러일으켰다. 시진핑 집권 1기(2013~2018)에 왕치산은 중앙기율검사위 서기로서 '호랑이부터 파리까지' 부정부패를 일망타진하는 서슬 퍼런 역할을 맡았다. 왕치산이 전국 곳곳에 파견한 수사대인 순시조는 중앙정부와 지방정부, 군부, 거대 국유기업 등을 샅샅이 조사해 전직 정치국 상무위원과 군 최고지도자까지 부패 관리 수십만 명을 처벌하고 자산을 몰수했다.

프랑스혁명의 교훈을 들면서 부패와의 전쟁을 지휘한 왕치산은 중국 지도부 가운데 가장 해박하고 지적인 인물로 유명하다. 그는 역사학자이자 경제 전문가이며, 30년 넘게 미국 경제계와 중국을 이어온 미국통이다. 1990년대 말 부실 국유기업 정리, 2003년 사스 위기 수습, 2013년부터 부패 문제 대처까지 중국의 위기 해결을 도맡아온 소방수로도 불린다.

【 공산당-월가 꽌시의 주역 】

1948년 건설부 소속 선임 기술자의 아들로 태어난 왕치산은 문화대혁명 시절 지식인인 아버지가 우파로 몰려 박해받게 되면서 자

2018년 3월 전국인민대표대회에서 왕치산이
국가부주석으로서 선서하고 있다. (AP=연합뉴스)

신도 산시성 량자허의 척박한 시골로 하방되었다. 고된 노동을 하던 시절 그는 일생을 함께하게 되는 두 명의 인물을 만났다. 한 명은 그의 아내가 되는 야오밍산인데, 1980년대 중국 부총리이자 중앙정치국 상무위원이 되는 야오이린姚依林의 딸이다. 1976년 야오밍산과의 결혼으로 왕치산은 '태자당太子黨'(혁명원로·고위 지도자의 자녀들)의 일원이 되었다. 두 번째는 어린 시절부터 알고 있었으나 이 시기에 고난을 함께하며 평생의 지기가 된 시진핑이다. 시진핑은 왕치산이 살던 동굴집을 찾아와 같은 이불을 덮고 밤을 새우며 이야기를 나누곤 했다고 한다.

1970년대 왕치산은 산시성 박물관에서 일하면서 시베이대학교에서 역사학을 공부했고, 문화대혁명 이후 베이징으로 돌아와 중국사회과학원 산하 근대사연구소 연구원이 되었다. 이후 1980년대에는 중국공산당의 농촌정책연구실과 국무원 농촌발전연구센터의 연구원으로 농촌 개혁에서 중요한 역할을 했다.

1989년 왕치산은 중국인민건설은행 부총재로 금융 분야에 첫발을 내디뎠다. 1990년대에 주룽지朱镕基 총리는 그에게 국유기업 개혁의 핵심 역할을 맡겼다. 이때부터 왕치산과 미국 월가의 끈끈한 꽌시關係가 시작되었다.

1996년 9월 중국건설은행 행장이던 왕치산이 월가 투자은행인 골드만삭스의 뉴욕 본사를 찾아갔다. 그는 헨리 폴슨Henry Paulson 골드만삭스 사장을 만나 중국 최대 국유 통신기업인 차이나텔레콤中國電信의 기업공개를 논의했다. 주룽지와 왕치산은 차이나텔레콤의 뉴욕 증시 상장을 통해 중국 거대 국유기업 개혁의 본보기를 만들려 했다.

차이나텔레콤 상장에 뒤이어 많은 중국 국유기업들이 월가 투자은행들과 손잡고 미국 증시에 상장해 자금을 모았다. 곧 월가 금융 자본가들에게 중국은 황금 알을 낳는 거위가 되었다. 1960년대 미국 자본주의의 호황기는 1970년대 초 막을 내렸다. 미국은 금본위제를 포기하고 달러의 발행량을 무한정 늘리면서 금융 자본주의로 전환했다. 월가는 경기침체에 빠진 미국과 유럽 선진국 대신 고수익을 낼 수 있는 대안을 찾고 있었다. 이때 개혁개방을 본격적으로 추진하기 시작한 중국이 이들의 파트너가 되었다.

자국의 노동운동이 강해지고 임금이 오르자, 미국은 노동집약형 산업을 중국으로 이전하고 자신들은 고수익이 나는 금융과 기술에 집중하는 쪽으로 구조조정을 했다. 중국은 저임금 노동력에 기반한 수출산업에 의존해 급성장하는 세계의 공장이 되었다. 이런 분업구조에서는 가장 큰 이윤이 미국의 자본가들에게 흘러가고 중국 공산당 지도부, 관리, 자본가들도 엄청난 부를 챙겼다. 미국 제조업 노동자들은 일자리를 잃고 중국 농민공들은 저임금의 굴레에 묶였다.

특히 수출 지향 경제에서 막대한 부를 얻는 중국 중앙정부, 연해 지역 지방정부, 수출기업 경영자들과 월가 사이에는 긴밀한 공생 관계가 형성되었다. 홍호평 존스홉킨스대 교수는《차이나 붐》에서 "1990년대 수출 지향적 성장을 만들어낸 (중국) 기득권 세력은 중국을 미국에 덜 의존하면서도 국내 소비로 추동되는 보다 균형 잡힌 발전 모델로 전환시키려는 시도를 막고, 수출 지향적 발전 모델을 영속화하는 일에 열중하고 있다"고 지적한다. 중국 정부는 미국 국채를 지속적으로 매입해 중국 수출품에 대한 미국의 수요를 계속 늘리려 하고, 이는 미국의 금리를 낮추고 금융과 부동산 시장을 번영시켜 미국의 자본가들에게 큰 이익이 된다.

이런 구조에서 왕치산은 중국과 미국, 특히 월가의 금융자본을 이어주는 중요한 통로가 되었다. 왕치산과 가까운 월가 금융계 인사들은 중국이 2001년 세계무역기구에 가입할 수 있도록 빌 클린턴 미국 대통령을 설득하는 데 중요한 역할을 했다. 2008년 부총리가 된 왕치산과 미국 재무장관 헨리 폴슨은 미-중 전략경제 대화에서 양국의 경제 문제에 대한 논의를 주도했다. 골드만삭스 회장, 재무장관 등으로 중국을 70번 이상 방문하고 중국 지도자들과 긴밀한 관계를 맺은 폴슨은 회고록《중국과 협상하기》에서 왕치산에 대해 "영민한 지성을 바탕으로 이해가 빨랐고 상업적인 지식과 정치적 능력을 겸비한 보기 드문 인재"라고 평가한다. 흥미로운 것은 2008년 미국발 금융위기를 기점으로 오만해진 왕치산의 태도다. 당시 미국을 방문한 왕치산 부총리는 헨리 폴슨을 만나 "당신은 나의 스승이었지, 행크. 그렇지만 지금 당신네 시스템을 보게. 우리가 더 이상 당신들로부터 배워야 하는지 모르겠네"라고 말했다고 폴슨은 회고록에 썼다.

❰ 2인자의 딜레마 ❱

시진핑 시대에 들어와 부패와의 전쟁 총사령관으로서 왕치산은 무소불위의 지위에 오른 듯 보였다. 2016년 3월 3일 전국인민대표대회가 열린 인민대회당에서 수천 명이 지켜보는 가운데 시진핑 국가주석을 선두로 여섯 명의 다른 정치국 상무위원들이 권력 서열에 따라 연단에서 퇴장하던 도중 왕치산이 서열에 관계 없이 시진핑에게 다가가 등을 두드리며 말을 걸었다. 공개 석상에서 왕치산의 거리낌 없는 모습에 놀란 이들이 많았다.

2017년 여름, 왕치산에게도 정치적 곤경이 벌어졌다. 미국에 망명 중인 중국 재벌 궈원구이郭文貴가 유튜브와 트위터 등을 통해 왕치산 일가가 하이난항공그룹을 이용해 거액의 재산을 부정 축재했다고 폭로했다. 왕치산이 배우 판빙빙과 부적절한 관계를 맺어왔다는 주장도 내놓았다. 그해 10월 19차 당대회를 앞둔 권력 투쟁 속에서 시진핑-왕치산에 적대적인 세력들이 궈원구이를 통해 정치적 공격에 나섰다는 해석이 나왔다. 몇 달 동안 공개 석상에서 사라졌던 왕치산은 그해 9월 3일 마오쩌둥의 고향인 후난성 현지 시찰에 나서며 정치적 건재를 확인했다.

2017년 말 당대회에서 당시 69세의 왕치산은 '7상 8하七上八下'(68세에 은퇴)의 비공식 규정에 따라 공산당 정치국 상무위원에서 물러났지만, 다음 해 3월 국가부주석으로 화려하게 복귀해 주목을 받았다. 왕치산이 공산당의 당직은 내놓았지만, 사실상의 2인자로서 시-왕 체제가 본격적으로 출범했다는 평가가 나왔다. 그가 미-중 관계를 비롯한 대외 정책을 지휘할 것이라는 전망이 파다했다.

하지만 이후 2인자의 행보는 두드러져 보이지 않았다. 왕치산 부주석은 2018년 5월 미국 재계 인사들과 회견하면서 "내가 중-미 관계의 책임자라는 관측은 틀린 것"이라며 "나는 주석이 하라고 하는 일을 하는 역할"이라고 말했다. 2019년 7월에는 멕시코 외무장관을 만나 "나는 주석을 도와서 약간의 의례성 외교를 하는 책임이나 맡고 있다"고 했다. 언뜻 시진핑에 대한 충성을 얘기하는 듯 보이지만, 자신의 처지에 대한 불만과 아쉬움이 묻어난다. 왕치산과 긴밀한 관계였던 부동산 기업가 런즈창이 시진핑 주석을 비난했다가 징역 18년 형에 처해지고, 왕치산의 오랜 측근으로 부패와의 전쟁을 보좌했던 둥훙董宏이 2020년 10월부터 조사를 받고 있다는 발표가 나온 것도 왕치산의 권력 약화를 보여주는 신호로 해석된다.

중국 정치 전문가인 안치영 인천대 교수는 "왕치산은 공산당 정치국 상무위원에서 물러남으로써 실권을 잃었다"며 "다만 왕치산이 부주석 직함을 가지게 된 것은 2018년 개헌을 통해 주석 임기 제한을 없앤 시진핑이 2022년에 연령에 관계 없이 국가주석직을 계속 더 할 수 있다는 현실적 근거를 보여주는 역할을 하는 것일 뿐"이라고 해석한다. 안 교수는 "시진핑 입장에서는 태자당의 일원이고 영향력이 막강한 왕치산이 계속 상무위원에 남아 있으면, 강한 견제 세력이 될 가능성이 있다고 판단해 그를 의전적 역할로 물러나게 한 것으로 보인다"고 했다.

《 돈으로 트럼프를 사는 법 》

왕치산의 역할이 축소되는 과정에는 미-중 무역전쟁도 영향을 미쳤다. 2018년 봄 트럼프 미국 대통령이 중국산 제품에 대규모 관세를 부과하며 중국을 압박하기 시작하자, 왕치산 부주석은 오랜 친분이 있는 월가 거물들과 키신저 미국 전 국무장관에 의지해 돈으로 트럼프를 사는 방법을 찾으려 했다. 2018년 9월 베이징에서 열린 중국-미국 금융원탁회의에서 왕치산은 로버트 루빈Robert Rubin을 비롯한 월가의 영향력 있는 인물들을 만나 '중국이 미국 금융기관들에 유리한 거래를 할 수 있다'는 신호를 보냈다. 그해 12월 1일 시진핑 주석과 트럼프 대통령의 미-중 정상회담을 앞두고 왕치산은 다시 움직였다. 11월 초 왕치산은 싱가포르를 방문해 신경제포럼에서 헨리 폴슨을 다시 만났다. 폴슨은 중국을 향해 개혁의 강도를 높여야 한다고 촉구하는 한편 트럼프의 중국 정책에 대해서도 비판했다. 11월 8~9일엔 시진핑 주석과 왕치산 부주석이 키신저 전 미국 국무장관을 베이징으로 초대해 조언을 구했다. 키신저는 트럼프와의 협상에 대해 "대립을 피하라"는 조언을 했다고 한다. 며칠 뒤 트럼프 행정부의 대중국 강경파인 피터 나바로 Peter Navarro 백악관 무역·제조업 정책국장은 전략국제문제연구소 연설에서 "월가는 이 협상에서 빠지라"고 견제구를 날렸다.

이번에는 왕치산의 30년 월가 인맥의 마법이 통하지 않았다. 트럼프 행정부 안에서 스티브 므누신 Steven Mnuchin 장관이 월가를 대표해 중국과 타협해야 한다는 목소리를 냈지만, 나바로 정책국장과 라이트하이저 Robert Lighthizer 미 무역대표부 대표처럼 대중국 강경파의 중국 때리기가 점점 더 힘을 얻었다. 그 결과 왕치산 부총리가 막후에서 미-중 관계를 조정해나갈 동력도, 중국 정치의 막후에서 보다 강력한 실권을 행사할 수 있는 공간도 사라졌다.

주목할 점은 미-중 갈등이 첨예해지고 미국 내에서 중국에 대한 적대감이 극에 달한 뒤에도 월가의 자본가들은 중국공산당의 가장 강력한 우군으로 남았다는 사실이다. 2019년 2월 미-중 무역협상을 위해 워싱턴을 방문한 류허 부총리는 월가의 미국 재계 인사들을 모아 자문을 구했다. 세계 최대 자산운용사 블랙록 BlackRock의 래리 핑크 Larry Fink 최고경영자, 골드만삭스의 데이비드 솔로몬 David Solomon, JP모건의 제이미 다이먼 Jamie Dimon 등 월가의 거물들에게 류허 부총리는 중국에서 미국 금융 회사들이 더 큰 기회를 잡을 수 있도록 해주겠다고 말했다고,《월스트리트저널》은 보도했다. 실제로 2019년 하반기부터 중국은 외국 자본에 대한 금융 분야 개방을 대폭 확대하고 있다. 외국 기업이 중국 내 금융기업을 세웠을 때 지분의 50퍼센트 이상을 가질 수 없게 했던 해묵은 제한도 풀었다. 2020년 3월 골드만삭스와 모건스탠리는 중국 금융규제 당국으로부터 중국 국내 사업에서 51퍼센트 지분을 가질 수 있도록 허가를 받았고, 12월 8일 골드만삭스는 중국 합자회사 지분 100퍼센트를 매입할 계획이라고 밝혔다. 정부가 금융 분야를 엄격하게 통제하는 중국에서 외국 금융기업이 100퍼센트 지분을 갖는 것은 이전에는 상상할 수 없는 일이었다. 중국은 세계무역기구에 가입하면서 금융 분야를 개방하겠다고 약속했지만, 2020년 1분기까지 중국 금융 분야에서 해외 기업들의 비중은 약 1퍼센트에 머물렀다. 이제 월가의 금융기업들은 중국으로 몰려가고 있다. 자산운용사 블랙록은 중국건설은행, 싱가포르 국부펀드 테마섹홀딩스와 제휴해 중국 내의 자산운용 사업에 진출한 데 이어 2020년 8월 초엔 독자적인 뮤추얼펀드 사업 허가를 받았다. 시티은행은 미국 은행으로는 처음으로 중국 내에서 펀드 수탁 업무에 대한 사업 허가를 받았다.

《 부패의 깊은 뿌리 》

중국 당국이 월가 자본가들을 끌어들이는 것은 중국과의 경제 관계를 축소·단절하려는 미국 정부의 디커플링 공세를 방어하려는 전략이다. 미국 트럼프 행정부는 임기 막바지에 행정명령을 내려 미국인들이 '중국군과 연결된' 중국 기업들에 투자하는 것을 금지하는 조치를 취하는 등 중국과의 디커플링에 속도를 내려 했다. 트럼프 대통령의 행정명령에 따라 2021년 1월 11일 중국 3대 통신기업인 차이나모바일, 차이나텔레콤, 차이나유니콤이 뉴욕 증시에서 상장 폐지되었고, 미국 MSCI와 영국 FTSE 러셀 등 글로벌 증시 지수들에서도 제외되었다.

왕치산 부총리는 2020년 12월 4일 칭화대학 경제관리학원 자문위원회가 개최한 국내외 기업가들과의 화상회의에 등장해 "중국 개혁개방의 발전에 대해 신뢰와 인내를 가져야 한다. 중국은 흔들림 없이 윈-윈의 개방 정책을 계속할 것"이라고 말했다. 미-중 디커플링을 바라지 않는다는 신호를 보낸 것이다. 중국은 내수 시장에 의존한 쌍순환 전략을 강조하고 있지만, 여전히 세계 자본과 기술, 시장이 필요한 상황에서 디커플링을 막거나 최대한 늦추는 작전을 계속할 것이다. 바이든 행정부의 정책에서 월가 자본의 발언권이 얼마나 높아지느냐가 왕치산이 얼마나 더 적극적인 역할을 하게 될지를 결정할 것이다. 왕치산이 미-중 관계의 전면에 다시 등장한다면, 중국공산당과 월가의 꽌시가 다시 제대로 작동한다는 신호일 것이다. 자본은 이미 정치를 넘어 이윤의 논리를 따라 움직이고 있다.

중국공산당은 미-중 경제의 디커플링을 막기 위해 월가를 끌어들이는 한편, 국내에서는 금융 분야의 기득권층을 겨냥한 숙청을 가속화하고 있다. 2017년 덩샤오핑의 손녀사위로 유명했던 우샤오후이吳小暉 안방보험 회장이 부패 혐의로 체포된 것은 금융 부패와의 전쟁의 신호탄이었다. 2018년 우 회장은 18년 형을 선고받았고 안방보험 경영권은 정부에 접수되었다. 2021년 1월 초에는 국유 금융기구인 화룽자산관리공사의 라이샤오민賴小民 전 회장이 총 17억 8800만 위안(약 3044억 원)의 뇌물 수수와 횡령을 저지르고 100명의 내연녀를 둔 혐의로 사형 선고를 받았다. 이틀 뒤에는 국유은행인 중국개발은행의 후화이방胡懷邦 전 회장이 8552만 위안의 뇌물을 받은 혐의로 종신형을 선고받았다.

시진핑 지도부는 공산당의 통제에서 벗어나 있는 가장 심각한 기득권 세력이 금융 분야에 있고, 개혁의 최대 난제라고 본다. 하지만 이미 9년 차에 접어든 부패와의 전쟁에도 불구하고, 라이샤오민의 천문학적 뇌물 수수가 보여주듯 부패의 깊은 뿌리는 사라지지 않는다. 만연한 부패의 근본 원인은 공산당과 국유기업에 너무 큰 권력과 자원이 집중된 시스템 자체이기 때문이다. 권력을 감시할 시민사회의 역할은 오히려 더욱 억압되고, 부패와의 전쟁은 반대파에 대한 숙청으로 변질되었다. 중국 국내에서 부패한 금융자본가에 대한 처벌이 요란하지만, 미-중 갈등에서 중국공산당의 가장 든든한 우군이 중국 금융 기득권과 결탁한 월가 자본가들이라는 역설이 중국의 모순을 상징적으로 드러낸다.

3부 중화의 꿈 아래에서

일함 토흐티

Ilham Tohti

중국판 테러와의 전쟁에 억눌리다

《 실크로드의 수용소 》

2017년, 중국 북서부 신장위구르자치구에서 위구르인들이 사라지기 시작했다. 이들이 강제수용소로 끌려갔다는 소식이 조금씩 조금씩 흘러나왔다. 위구르인들은 한족과는 확연히 다른, 투르크어를 말하는 투르크계 이슬람교도로서 신장의 오아시스 도시들에서 농사와 교역을 하며 고유의 역사, 언어, 문화, 종교적 관습을 가지고 살아왔다.

중국 당국은 수용소란 존재하지 않는다고 강하게 부인했다. 갇혔다가 풀려난 뒤 간신히 국경을 넘어 도망친 이들의 증언, 위성사진으로 확인된 신장 곳곳에 들어선 콘크리트 건물들, 드론으로 촬영된 눈이 가려지고 손이 뒤로 묶인 채 끌려가는 위구르인들의 모습, 수용소 관련 공문서들이 죽의 장막을 뚫고 외부로 알려지기 시작했다. 그러자 중국 당국은 위구르인들의 직업교육을 위한 재교육 시설을 운영하고 있다고 주장했다. 정확한 숫자는 확인할 길이 없지만 유엔을 비롯한 국제기구 등은 위구르인 1100만 명 가운데 100만 명 이상이 '재교육 캠프'로 불리는 시설에 갇혀 있거나 수감된 적이 있다고 추산한다. 18세기 청제국이 처음으로 이곳을 완전히 정복한 이후 '새로운 영토'라는 뜻의 신장新疆(신강)으로 이름 붙인 곳, 외부인들에게는 낭만적인 실크로드로 알려진 이곳에서 무슨 일이 벌어지고 있는지, 우선 한 위구르인을 만나보자.

《 공존을 꿈꾸었지만 》

2010년 6월 숨 막히게 무더운 어느 날, 중국 베이징의 중앙민족대학 근처에서 일함 토흐티 교수를 만났다. 위구르인 경제학자인 그는 한 해 전에 일어난 반反한족 시위의 배후로 지목되어 당국의 감시를 받고 있었다.

2009년 7월 5일 신장위구르자치구의 중심 도시 우룸치(우루무치)에서 위구르인들의 반한족 시위를 계기로 중국의 신장 통치 사상 최악의 위구르-한족 간 민족 유혈충돌이 일어났다. 당국은 일함 교수의 강의와 그가 위구르인들의 상황을 알리기 위해 운영해온 사이트가 사태의 원인이라고 지목했다. 1991년부터 중앙민족대학에서 법과 경제를 강의한 일함은 한동안 위구르인들로부터 중국 정부의 동화 정책에 협력한다는 비판을 받기도 했을 만큼 분리 독립 주장과는 거리가 먼 온건파였다. 그러나 위구르인들이 조상 대대로 살아온 신장에서 한족들에게 밀려나 경제적, 사회적 차별을 받는 문제를 개선하려는 그의 노력은 극단주의로 몰리고 있었다.

무더위 속에서 네 시간 가까이 그는 자신들의 땅에서 권리를 빼앗긴 소수자로 전락하고 있는 위구르인들의 처지에 대해 조목조목 이야기했다. 그는 한족 중심주의로 인해 법으로 보장된 소수민족 자치가 전혀 실현되지 않고, 신장의 모든 이권과 경제, 일자리가 한족들한테 집중되고 있다고 말했다. "신장의 천연자원 개발과 관련된 일자리는 위구르인들에게 돌아가지 않고, 위구르인들에게 돌아가는 유전 개발 수익은 5퍼센트도 안 된다. 국경무역에서도 한족들은 관리들과의 갖가지 꽌시를 이용해 각종 허가증을 받아 쉽게 큰돈을 벌지만 위구르인들은 한족 권력층과 연결될 수가 없다."

1949년 인민해방군이 신장에 진주했을 당시 한족 인구는 4.6퍼센트, 위구르인 인구는 79.87퍼센트였다. 이후 중국 당국이 한족을 대거 이주시키면서 한족 비율이 40퍼센트를 넘었다. 중국 영토의 6분의 1(한반도의 여덟 배)인 광활한 신장의 주요 산업은 중국

군·국유기업·행정이 결합된 조직인 신장생산건설병단이 통제하는데 여기에 고용된 이는 대부분 한족이며 신장의 개발 이권이 한족들에게 집중되는 구조를 만들어낸다.

일함 교수에게 '위구르족이 진정 원하는 것은 자치인지 독립인지' 물었다. "대다수 위구르인들은 자치를 원한다. 하지만 법에 보장된 민족자치가 실현되지 않는 상황에서 특히 2009년 유혈사태 이후 독립을 원하는 위구르인들이 늘어나고 있는 게 사실이다. 진정한 자치가 실현될 수 있는지 회의하게 되었기 때문이다. 위구르인의 대체적인 태도는 우리 민족이 중국에서 제대로 생활할 수 있다면 국가를 인정할 것이고, 제대로 살지 못한다면 인정할 필요가 없다는 것이다." 그의 답이었다.

그는 여전히 위구르인과 한족의 공존을 꿈꾼다고도 말했다. "중국의 민족자치법에 규정되어 있는 대로 위구르어가 공식언어로 사용되고, 법률과 교육권이 보장되며, 경제 개발의 혜택이 현지 위구르인들에게도 돌아가는 진정한 자치가 실현되면 신장의 안정이 올 수 있다." 그는 당국의 탄압에도 외국으로 도망치지 않겠다며, "한족과 위구르인의 다리가 되고 싶다"고 했다.

그로부터 4년 뒤인 2014년 9월 일함은 종신형과 전 재산 몰수형을 선고받았다. 당시 중국 관영 시시티브이(CCTV)는 그가 재판을 받는 모습과 증거 등을 전국에 방송했다. 그가 강의에서 한 발언들이 주요 증거로 제시되었다. "신장은 종교의 지옥이 되

2010년 6월 베이징의 자택에서 위구르인 경제학자
일함 토흐티 교수가 저자와 인터뷰하고 있다.(사진=박민희)

었고" "위구르인들에게 지금의 정부는 악마와 같다", "더는 참을 수 없어서 반항하는 사람은 피해자"라는 발언이었다. 당국은 그가 폭력을 선동하고 중국 정부를 전복하려 했다고 비난했다.

2019년 일함은 사하로프 인권상과 바츨라프 하벨 인권상을 수상했다. 아버지를 대신해 사하로프 인권상을 수상하러 온 딸 자흐라(미국 망명)는 "2017년 이후 가족들은 아버지의 소식을 듣지 못했고 어디에 있는지도 알지 못한다"고 했다.

《 안정과 단결의 이름으로 》

온건파 일함이 종신형을 선고받은 2014년 시진핑 지도부는 신장에서 '반테러 인민전쟁'을 선포했다. 이슬람의 상징들은 테러와 극단주의의 상징으로 지목되어 탄압의 대상이 되었다. 젊은 남성들이 수염을 기르거나 여성들이 히잡을 쓰는 것은 금지되었다.

후진타오 주석 시기 중국 당국은 서부 대개발 정책을 추진해 경제발전을 통해 신장을 안정화시키려 했다. 시진핑 주석은 미국이 벌인 테러와의 전쟁의 틀을 가져다 위구르인들의 이슬람 정체성을 약화시키고 강제로 한족화하려는 정책을 밀어붙이고 있다. 특히 2013년부터 시진핑 지도부는 일대일로 계획을 발표해 중앙아시아, 중동을 거쳐 유럽까지 이어지는 광활한 지역에 중국의 영향력을 확대하기 위한 구상을 추진하기 시작했고, 그 주요 길목인 신장을 안정화시키는 게 더욱 중요해졌다. 2014년부터 신장 여러 지역과 윈난성 쿤밍 등에서 위구르인들의 소행으로 지목된 공격들이 잇따라 일어났다. 당국은 천연자원이 풍부하고 중동·중앙아시아로 이어지는 전략적 요충지이자 에너지 공급 통로인 신장에 대한 통제력이 위협받고 있다고 우려했다.

2016년 8월 천취안궈陳全國가 신장 당서기로 부임했다. 티베트에서 초강경 탄압 정책으로 이름을 날린 그는 신장에 부임한 뒤 1년 동안 경찰 9만 명 이상을 새로 채용하고 7300여 개의 검문소를 세웠다. 중국 당국의 종교 사무가 통일전선부 산하로 들어갔고, 소수민족의 종교와 문화에 대한 한족화 정책이 본격적으로 추진되기 시작했다.

2017년 4월께부터 신장 곳곳에 재교육 캠프, 교육훈련학교 등의 이름을 단 건물들이 세워져 위구르인들이 이곳으로 잡혀가기 시작했다. 가족이 해외에 있거나 해외의 친지를 방문 또는 연락했다는 이유로, 종교나 위구르 문화에 대한 책을 소지했거나 수염을 기르거나 모스크 이외 공공장소에서 기도를 하거나 히잡을 썼다는 이유로, 해외와 연락할 수 있는 왓츠앱 등의 앱을 휴대전화에 깔았다는 이유로 사람들이 사라졌다.

2019년 11월 24일 국제탐사보도언론인협회는 '중국 통신'(China Cables)이라는 제목으로 신장의 수용소 운영 매뉴얼과 공문서 등을 입수해 공개했다. 여기엔 신장 카라카슈현에 있는 재교육 캠프의 수감자 311명에 대한 기록이 들어 있다. 수감 이유로는 히잡을 썼다, 해외 웹사이트에 접속했다, 여권을 신청했다 등이 적혀 있다. '친지들이 해외에 살고 있다'가 수감 사유로 기록되어 있는 이들도 많다. 단지 '신뢰할 수 없다'는 이유만으로 잡혀온 이들도 많았는데 주로 청년들이다. 수감자들은 기소, 재판 등 법적 절차 없이 '테러와 극단주의, 분리주의를 예방한다'는 명목으로 수감되었다. 위구르인이 대다수이지만, 카자흐, 키르기스 등 다른 투르크계 무슬림들도 포함되었다.

2019년 11월 16일 《뉴욕타임스》는 중국 정부의 재교육 캠프 운영 지침 문서라며 400페이지 분량의 방대한 자료를 폭로했다. 신문은 중국 정부 내에서 이 정책에 반대하는 관리가 익명으로 이 자료를 제공했다며 중국공산당 내부에서도 신장 정책에 대한 불만이 있음을 보여준다고 보도했다. 이 자료에는 2014년 신장에서 무장공격들이 일어난 뒤 시진핑 주석이 "신장의 폭력으로 사회 안정이 충격을 받을 것이고, 민족의 단결이 해를 입을 것이고, 개혁과 발전, 안정에 대한 전망도 해를 입을 것"이라며, 9·11 이후 미국이 어떻게 대응했는지를 조사하도록 지시했다는 내용도 나온다. 아울러 이슬람 극단주의를 바이러스나 마약에 비유하며 이를 해결하려면 "한동안 고통스러운 치료가 필요하다"고 했다고 기록되어 있다.

수용소 내부의 상황은 석방된 뒤 해외로 도망친 이들의 진술을 통해 조금씩 알려졌다. 카자흐인 카이라트 사마르칸드는 3개월 동안 중국 수용소에 갇혀 있다 풀려나 카자흐스탄으로 돌아온 뒤 언론 인터뷰를 통해 자신의 경험을 밝혔다. 수용소에서 끊임없는 세뇌와 모욕에 시달리면서, 매일 여러 시간 동안 공산당 선전을 억지로 학습하고 시진핑의 만수무강을 기원하며 감사를 표하는 슬로건들을 외워야 했다고 말했다.

바키탈리 누르는 중국 신장과 카자흐스탄 국경 지역인 코르고스 출신인데 해외를 너무 자주 다닌다는 이유로 체포되어 1년간 수감되었다. 그는 풀려난 뒤에도 항상 감시를 받으며 매일 자아비판서를 제출하고, 정부 산하 공장에서 형편없는 보수를 받으며 강제 노동을 해야 했다. 그는 2019년 5월 카자흐스탄으로 도망친 뒤 《타임》과 인터뷰했다.

수감 경험을 증언한 이들은 공통적으로 이슬람 극단주의나 위구르 독립, 공산당 비판에 관심을 두지 말라는 강의를 들었고, 중국공산당을 찬양하는 노래를 외워 부르도록 강요받았다고 말한다. 이슬람 신앙을 비판하는 자아비판서를 쓰고 위구르 문화의 후진성과 중국 문화의 우수성 등을 강조하는 교육을 받았다는 증언도 많다. 규정을 지키지 않는다는 이유로 몇 시간 동안 수갑을 찬 채 구금되거나 구타, 물고문을 당했다는 이들도 있다. 억지로 이슬람에서 금지된 돼지고기를 먹도록 강요받았다는 증언도 많다.

수용소에 수감되었다가 석방되거나 탈출한 위구르 여성들은 수용소 안에서 한족 남성들로부터 조직적으로 성폭력을 당하고, 강제로 불임 주사를 맞거나 낙태를 당했다고 폭로했다. 2018년까지 9개월간 재교육 수용소에 감금되었다가 미국에 망명했다는 투르수나이 지아우둔은 2021년 2월 영국 비비시(BBC) 방송과의 인터뷰에서 "매일 밤 많은 여성들이 끌려나가 정장 차림에 마스크를 쓴 중국 남성들에게 집단 성폭행을 당했다. 나도 세 차례 당했다"고 증언했다.

《 뫼비우스의 띠 》

2018년 8월 유엔 인권패널은 중국에서 100만 명의 위구르인들이 재교육 수용소에 수감되어 있거나 수감된 적이 있다는 신뢰할 만한 많은 보고들을 받았다고 발표했다. 2019년 유엔에서 호주, 캐나다, 프랑스, 독일, 일본, 영국 등 22개국 대사들이 중국의 소수민족 강제구금을 비판하는 공개서한을 발표했다. 이에 맞서 중국의 반테러 프로그램을 지지한다는 50개국의 공동성명도 발표되었는데 알제리, 러시아, 사우디아라비아, 시리아, 이란, 이라크, 파키스탄, 북한, 이집트, 나이지리아, 필리핀, 수단 등이 서명했다.

　　미국 역시 신장의 비극과 무관하지 않다. 중국의 위구르인들에 대한 탄압은 미국이 테러와의 전쟁을 벌이면서 서구와 전 세계에 확산시킨 반이슬람주의와 뫼비우스의 띠처럼 얽혀 있다. 2001

년 9·11 테러 이후 미국은 '테러와의 전쟁'을 벌이면서 아프가니스탄과 이라크를 침공하고, 붙잡은 이슬람 무장 세력 조직원들을 관타나모 수용소에 재판 없이 무기한 수용해 고문했다. 미국은 그렇게 전 세계적으로 반이슬람주의를 확산시켰다. 중국은 미국의 테러와의 전쟁에 적극 동조했고, 부시 행정부는 중국 당국의 요청을 받아들여 신장 독립을 주장하는 무장 단체인 동투르키스탄독립운동(ETIM)을 테러리스트 그룹으로 지정하는 한편 위구르인들을 관타나모 수용소에 수감했다. 중국 당국은 자신들이 서구 국가들의 반테러·급진주의에 대한 대응법을 따르고 있을 뿐이라고 주장한다. 2019년 12월 호주 주재 중국대사 청징예成競業는 "교육 캠프의 모든 교육생은 캠프를 졸업하고 원래 일자리로 돌아가거나 정부의 지원으로 새로운 직업을 찾았다. 100만 명이 구금되어 있다는 보도는 가짜 뉴스"라면서 "신장에서 일어난 일은 서구 국가들을 비롯한 다른 나라들이 테러와의 전쟁을 위해 했던 일과 다르지 않다"고 말했다.

이제 시진핑 시대 중국은 신장의 무슬림 주민 대다수를 대상으로 훨씬 광범위한 테러와의 전쟁을 벌이고 있다. 중국공산당의 통치에 복속하지 않는 위구르인 전체를 중국에 충성하는 '착한 무슬림'으로 개조하려는 작업이다. 1949년 중국 인민해방군이 신장에 진주해 이곳을 통치하기 시작한 이후에도 위구르인들의 저항은 산발적으로 계속되었다. 문화대혁명 시기 위구르인들을 비롯한 무슬림들은 종교 생활을 금지당하고 탄압을 받았지만, 그들은 종교와 문화를 지키며 한족 문화에 동화되지 않았다. 미국이 테러와의 전쟁이라는 수렁에 빠져 있는 동안 중국은 경제적으로 급속히 도약해 미국과의 경쟁에 대비했다. 이제 미-중 긴장이 고조되고 미국과의 대결 가능성을 의식하기 시작한 중국은 외부 세력이 중국 통치에 저항하는 위구르인 등을 이용해 중국을 분리시킬 우려가 있다는 강박에 사로잡혔다.

재교육 캠프 수감을 피한 위구르인들에게도 첨단기술을 총동원한 감시망이 일상 속에서 촘촘히 가동되고 있다. 휴대전화에는 감시 앱을 깔아야 한다. 모스크, 시장, 거리, 학교, 버스와 택시마다 설치된 감시카메라가 사람들의 행동을 촬영해 공안에 전송한다. 당국은 주민들의 홍채, 지문, 얼굴 모습 등 생체정보를 등록해 동향을 감시한다. 중국판 테러와의 전쟁이 세계 최대의 감옥을 만들어냈다.

라힐라 다우트

Rahila Dawut

'민족개조'에 휩쓸린 위구르 전통의 수호자

《 사라진 사람들 》

그는 세계에서 가장 유명한 위구르 학자였다. 문화인류학자로서 중국 북서부 신장위구르자치구 곳곳을 다니면서 위구르인들의 역사와 전통문화를 기록해 연구하고 세계에 알렸다. 위구르 여성 가운데 처음으로 박사학위를 받은 선구자이기도 했다. 바로 신장 대학교 교수인 라힐라 다우트다.

2017년 12월 12일 그가 사라졌다. 긴급한 회의가 있으니 베이징으로 오라는 당국의 연락을 받고 신장의 중심 도시 우룸치 공항으로 서둘러 간다며 딸에게 메시지를 남긴 뒤 연락이 끊겼다. 가족과 지인들은 중국 당국이 위구르인들을 가두는 재교육 캠프에 라힐라 교수가 수감되어 있을 것으로 짐작한다. 미국에서 유학 중인 그의 딸 아키다와 지인들은 "우리 엄마를 석방해주세요" 사이트(freemymom.org)를 만들어 석방 청원 운동을 벌이고 있다. 전세계의 중앙아시아 연구자들도 중국 당국에 보내는 공개서한 등을 통해 석방 운동을 벌여왔다. 라힐라 교수로부터는 아직 어떤 소식도 없다.

　라힐라 다우트는 1966년 우룸치의 위구르 지식인 가정에서 태어났다. 베이징에서 박사학위를 받은 뒤 신장대학교에서 강의와 연구를 해왔다. 그는 신장 곳곳의 마자르 수백 곳을 찾아내 그곳에 깃든 역사와 신앙, 순례 여정을 정리한 책을 2002년에 펴냈는데, 이는 연구자들뿐 아니라 위구르 농민들 사이에서도 애독서가 되었다. 마자르에는 위구르 공동체의 역사와 문화가 집약되어 있다. 지역마다 성자들이 묻힌 마자르를 중심으로 토착 무슬림 신앙이 깊이 뿌리를 내렸다. 주민들은 이곳을 순례하며 기도하고, 축제를 열며 공동체의 전통을 지켜왔다. 라힐라는 2011년 중국 언론과의 인터뷰에서 "민속 문화의 전통을 보존하고 기록해서 그것이 박물관의 전시실에만 보관되지 않고 사람들 속으로 되돌아갈 수 있도록 하고 싶다"고 했다. 중국 당국은 위구르인들이 중동 지역의 급진적 이슬람에 점점 더 빠져들고 있다고 우려했지만 라힐라 교수는 위구르 전통은 극단주의와는 전혀 다른 수피즘 Sufism(절대자에게 다가가려는 마음을 중시하는 이슬람 신비주의)의 영적

라힐라 다우트 교수(카메라를 든 여성)가 2005년 신장의 한 마을에서 위구르인 주민들과 함께 현지 조사 활동을 하고 있다.(사진=리사 로스Lisa Ross)

인 전통에 기반한 포용적인 전통을 가지고 있다고 강조했다.

라힐라는 중국과 전 세계 학계에서 존경받는 학자였고, 위구르인 대학생과 젊은 학자들의 영웅이었다. 그는 위구르 사회에서 여성이 전문 분야에서 성공할 수 있다는 것을 보여주는 롤모델이기도 했다. 그는 다음 세대 위구르인들이 자신들의 이야기를 이어 갈 수 있도록 항상 격려하고 지원했다.

2017년 초부터 중국 당국이 신장 지역에 재교육 캠프를 세워 위구르인들을 가두기 시작하고 대학 등에서 '극단주의 반대' 관제 집회가 열렸지만, 라힐라 교수에게까지 위험이 미칠 것으로 생각한 사람은 많지 않았다. 라힐라 교수는 30년 넘게 중국공산당 당원이었고, 그의 연구는 중국 문화부의 지원을 받고 있었다. 2017년 1월 라힐라 교수는 관영 언론《신장여성》의 표지인물로 등장했고, 11월에는 베이징대학에서 위구르 여성에 대한 강연도 했다. 완벽한 중국어를 구사하는 그는 한족 동료들과도 원만하게 지냈고, 정치적 활동도 하지 않았다.

라힐라 교수처럼 위구르와 한족 사회를 잇는 역할을 하던 온건한 학자마저 탄압의 대상이 되자, 많은 위구르인이 절망과 공포를 느꼈다. 라힐라 교수 개인의 비극으로 끝난 것도 아니다. 그 무렵부터 위구르 문화와 전통을 보존하려 한 지식인, 예술가, 언론인 등 많은 위구르인 엘리트가 잇따라 재교육 캠프 또는 감옥으로 끌려갔다.

신장사범대학에서 위구르 문학을 연구하던 압둘카디르 잘랄 앗딘이 2018년 잡혀갔고, 신장대학교 총장이었던 위구르인 지리학자 타슈폴라트 티이프는 2017년 독일 학술대회에 참가하고 귀국하는 길에 체포되어 사형 판결을 받았다. 작가이자 26년 동안 당이 발행하는 잡지《신장문명》의 편집장으로 일했던 70대의 쿠르반 마무트도 실종되었다. 재교육 캠프로 끌려갔거나 수감된 것으로 짐작되는 위구르 지식인들은 명단이 확인된 이들만 해도 150명이 넘는다고 국외 위구르인 단체들은 집계하고 있다.

《 민족 개조 》

중국 당국이 테러·극단주의·분리주의와 전쟁을 벌이고 있다면 왜 이런 온건한 지식인들까지 붙잡혀갔는가? 당국의 설명대로 강제수용소가 아닌 직업교육 프로그램이라면, 학자·언론인·작가들에게 왜 직업교육이 필요한가? 위구르 엘리트들을 감옥·수용소에 가둠으로써 위구르인 전체의 문화와 정체성을 약화시켜 한족으로 동화시키려는 민족 개조 작업이 벌어지고 있다고 많은 이가 우려한다.

외모, 언어, 종교, 역사, 문화, 생활 관습이 모두 중국 주류 민족인 한족과는 완전히 이질적인 위구르인들의 독립 가능성에 대해 중국의 권력자들은 오랫동안 우려해왔다. 신장 지역은 중국 여

실종된 위구르인 인류학자인 라힐라 다우트 신장대학교
교수의 석방을 촉구하는 포스터.(사진=리사 로스)

러 왕조의 일시적 지배를 받곤 했지만 오랫동안 독자 체제를 유지해왔다. 중국 왕조의 지배에 완전히 장악된 것은 만주족이 통치했던 청제국의 건륭제 시기인 1759년부터다. 1911년 청의 멸망 이후 중국의 신장에 대한 통제는 다시 흔들렸다. 군벌 지배가 계속되었고 그사이 위구르인들은 동투르키스탄공화국을 두 차례 세우기도 했다. 1949년 중국공산당의 인민해방군이 신장에 처음 들어온 뒤, 중국 당국은 정책적으로 한족을 대규모로 이주시켰고 위구르인과 한족의 갈등과 긴장은 높아졌다. 농부나 소상점 주인, 무역업자 등으로 일하는 1100만 위구르인 사회와 정부 관리나 군인으로 일하거나 대규모 사업 또는 자원 개발에 종사해 권력과 부를 장악한 한족들은 조금도 융화되지 않은 채 두 개의 세계로 완전히 분리되어 살아왔다.

차이와 다양성을 인정한 공존에 실패한 뒤, 시진핑 체제의 중국은 21세기 최첨단 기술과 20세기 수용소 시스템을 결합해, 위구르인 전체를 중국에 충성하는 착한 무슬림, 한족화한 소수민족으로 만들려는 프로젝트를 진행하는 것으로 보인다.

우선 위구르인들의 이슬람 종교 활동이 엄격히 금지되고 있다. 신장 정부가 발표한 정책, 그리고 주민들의 증언에 따르면, 지역 관리 한 명당 10가구를 할당해 위구르인들이 기도를 하거나 모스크에 가는 등 수상한 행동을 하는지 감시하고 상부에 보고하도록 했다. 경찰이 불시에 집에 들이닥쳐 종교 서적이나 기도용 카

펫 같은 금지 품목을 수색한다. 모스크 곳곳에는 감시카메라가 설치되었고 공산당과 시진핑 주석에 대한 충성, 민족 단결을 강조하는 구호들이 붙었다. 신장 각 지역에서 모스크와 마자르, 위구르인들의 공동묘지가 파괴되는 모습이 위성사진 등으로 뚜렷이 확인된다.

중국의 정책은 신장의 위구르 사회를 극과 극으로 갈라놓았다. 중국 당국의 감시와 처벌, 통제를 말단에서 수행하는 것도 당국에 고용된 위구르인들이다. 이들은 경찰이나 재교육 캠프의 관리자·간수, 검문소의 보안요원으로 고용되어 살아간다. 감시와 통제가 위구르인들의 주요 일자리가 되었다. 반면 수용소에 갇히거나 일상생활에서 수많은 검문과 감시를 받으며 살아야 하는 주민들 사이에는 골이 깊어졌다.

위구르인 1100만 명 가운데 100만 명 이상이 재교육 캠프에 수용되었다고 유엔 등이 발표한 가운데 부모가 끌려간 뒤 집에 남은 수많은 위구르 아이들을 중국 정부가 기숙학교나 유아원이라는 명목으로 사실상의 고아원에 수용하고 있다는 보도들도 잇따라 나왔다. 이곳에서 아이들은 가족·친지와의 만남이 제한되고 중국어만 써야 한다. 다음 세대 위구르인을 위구르어와 가족 공동체로부터 분리하려는 정책이다.

재교육 캠프에 있던 이들이 점진적으로 '졸업'하고 있다고 중국 당국은 발표하고 있지만, 이들에게 자유가 주어진 것은 아니다. 수감되었던 위구르인들이 강제노동에 동원되고 있으며, 서구 다국적기업들이 신장 지역에서 구매하는 원료, 제품에 이들의 강제노동이 사용되고 있다는 증언과 보고서들이 나오고 있다. 호주 전략정책연구소는 2020년 3월 보고서에서 2017~2019년 8만 명 이상의 위구르인들이 신장으로부터 중국 각지의 공장으로 보내져 "강제노동에 가까운 환경에서" 컴퓨터 스크린, 카메라, 지문 인식장치 등 다양한 제품을 만들고 있으며 이런 상품들이 나이키, 애플, 델 등 83개 글로벌 브랜드에 납품되고 있다고 분석했다.

중국 정부가 수용소에 수감되지 않은 위구르인들까지 다른 지역으로 강제 이주시키거나 공장에 강제 취직시켜서 한족에 동화시키고 위구르인 공동체를 소멸시키려 한다는 보도도 나오고 있다. 마을마다 '이주노동자 모집소'가 설치되고 관리들이 집집마다 방문해 이주하지 않으면 불이익을 주겠다고 위협해 다른 지역에서 일할 사람들을 모으고 있다고, 비비시 방송이 2021년 3월 보도했다. 외지로 간 위구르인들은 사상교육을 받은 뒤 공장 기숙사에서 단체생활을 하며 관리들의 통제를 받는다. 신장 남부 허톈에서 노동인구의 5분의 1에 해당하는 25만 명이 다른 지방으로 이주했다. 대규모 이주로 신장 내 위구르인 인구를 줄이고 공동체의 생활 관습을 파괴해, 한족에 빠르게 동화시키려는 정책이다.

주목할 점은 신장 모델이 다른 소수민족 지역으로 확대되는 현상
이다. 2018년 무렵부터 신장에 가까운 간쑤성 닝샤후이족자치구
에서 후이족 무슬림들의 기도와 예배가 제한되고, 모스크의 돔과
첨탑이 철거된 뒤 중국식 지붕으로 바뀌었다. 네이멍구(내몽골)에
선 2020년 9월 1일 새 학기를 맞아 몽골어 교육 축소 정책에 항의
하는 대규모 시위가 일어났다. 몽골어로 가르쳐온 주요 과목을 중
국어로 수업하라는 정책에 맞서 몽골인 학부모·교사·학생들이
수업 거부와 시위를 벌였고 정책 철회를 요구하는 서명운동이 확
산되었다. 일부 조선족 학교에서도 한국어 부분이 빠지고 중국어
로만 된 교과서를 쓰기 시작했다.

　　1949년 건국 당시 중국공산당은 지지 세력을 확대하기 위해
소련의 제도를 기초로 한 민족자치를 헌법과 법률에 명시했다. 문
화대혁명 시기에 소수민족의 종교·문화를 '봉건적 미신'으로 박
해하는 폭력적인 파괴와 탄압이 벌어졌지만, 소수민족들은 자신
들의 문화를 지켜냈다. 2008년 베이징올림픽 직전 일어난 티베트
인들의 봉기, 2009년 한족-위구르인 충돌을 계기로 중국공산당
과 관련된 학자들은 소수민족의 전면적 동화에 초점을 맞춘 '제2
세대 민족 정책'을 주장하기 시작했다. 이제 시진핑 정부는 소수
민족이 거주하는 변경 지역의 안보 강화를 내세워 '제2세대 민족

정책'을 실제로 추진하고 있다. 문화대혁명 시대에 비해 훨씬 강해진 국가는 '중화민족 단결'의 깃발을 높이 들고, 첨단 감시기술까지 활용해 중국화를 강행한다.

2020년 8월 28~29일 시진핑 주석은 '시짱(티베트)공작좌담회'를 열어 "티베트를, 분리주의를 막을 난공불락의 요새(銅墻鐵壁·동장철벽)로 만들어야 한다"고 지시했다. 시 주석은 "정치·이념교육을 강화해 중화를 사랑하는 씨앗을 청소년들의 가슴 깊은 곳에 심어야 하며, 티베트 불교가 사회주의에 적응하도록 중국화를 적극 추진해야 한다"고 지시했다.

중국 당국은 신장에서 극단주의·분리주의와의 전쟁에서 승리하고 있다고 주장한다. 이제 신장 모델은 다른 소수민족들까지 덮칠 기세다. 위구르인들의 깊은 슬픔과 원망, 비극 위에 나부끼는 승리의 깃발이란 무엇일까. 21세기에 벌어지는 민족 개조 작업이 장기적으로 어떤 후폭풍을 몰고 올지는 누구도 알 수 없다.

홍콩인들

벽에 갇힌 다윗들

❰ 물처럼 흘러 급류가 되다 ❱

2019년 6월 9일, '송환법 반대, 악법에 저항' 등의 팻말을 든 사람들의 끝없는 물결의 맨 앞에서 행진하던 지미 샴峯子杰은 이날 103만 명의 홍콩인이 송환법(범죄인 인도조례) 반대 시위에 함께했다고 선언했다.

지도자도 조직도 없이 각계각층 홍콩인들의 여론이 흐르고 모여 거대한 강을 이루는 '물처럼 흐르는 시위'의 소집인 역할을 한 지미 샴은 동성애 인권운동 단체인 '무지개 행동'에서 오랫동안 활동해온 인권운동가다. 2018년 홍콩 민주파 정치·인권 단체들의 연대모임인 민간인권진선의 소집인을 맡은 그는 이듬해 홍콩 정부가 범죄인을 중국에 인도할 수 있게 하는 송환법 제정에 나서면서 역사의 급류 한복판에 서게 되었다.

그는 시위 1주년을 맞은 2020년 6월 홍콩《중신문》인터뷰에서 "당시 103만 명이 나올 줄은 상상도 못 했다"고 했다. 하지만 그날 시위가 끝나기도 전에 홍콩 정부는 민심을 무시하고 송환법 초안을 입법회 심의에 넘기겠다고 발표했다. 그는 "모두들 100만 명 넘게 모였으니 송환법을 멈추게 할 수 있다고 기대하고 있던 그때 그(입법 강행) 소식이 전해지자 천당에서 곧바로 지옥 밑바닥으로 떨어진 기분이었다. 끝없는 분노가 생겨났다. 들판이라도 태워버릴 것 같은 분노였다"고 회상했다.

6월 12일 시위대가 송환법 심의를 막으려 입법회를 포위하자 경찰은 최루탄과 고무탄을 쏘며 폭력적인 진압에 나섰다. 캐리 람 林鄭月娥 홍콩 행정장관은 시위대를 "폭도"로 규정했다. 15일 람 행정장관은 뒤늦게 "입법을 보류하겠다"고 했지만 법안의 철회는 거부했다. 16일 200만 명이 넘는 시민들이 법안의 완전 철회와 경찰 폭력 처벌 등을 요구하며 거리로 나섰다. 검은 옷을 입은 시민들은 "우리는 폭도가 아니다"라는 손팻말을 들었다. 부모들은 "더는 아이들을 다치게 하고 싶지 않다"고 외쳤다.

돌아보면, 1년 동안 계속된 시위 내내 중국 중앙정부와 홍콩 정부는 시위에 참여한 시민들의 절박한 목소리에 귀 기울이고 설득하려는 작은 신호조차 내놓지 않았다. 홍콩인들은 시진핑 시대

2019년 8월 31일 홍콩 청년들이 빗속에서 시위를 벌이고 있다.
(사진=김봉규 《한겨레》 기자)

들어 크게 악화된 중국 대륙의 권위주의, 통제, 감시가 홍콩인들에게도 강요되는 것을 우려하면서 '일국양제—國兩制(한 국가 두 체제) 약속에 보장된 홍콩인들의 삶의 방식을 지키고 민주화를 진전시키길 원했지만, 중국공산당 지도부의 답은 처음부터 정해져 있었다. 홍콩인들의 완전한 복종이었다.

정치적 대화는 없었고 폭력은 잔인했다. 7월 21일 지하철 위안랑역에서 폭력배들이 시위 참가자와 시민들을 무차별적으로 폭행했지만 경찰은 제지하지 않았다. 경찰 관계자가 괴한들과 웃으며 악수하는 모습도 공개되었다. 조사도 처벌도 제대로 이루어지지 않았다. 경찰의 폭력, 시위 참가자들의 실종과 석연치 않은 죽음, 시위를 주도한 운동가들에 대한 습격이 이어졌다. 공권력에 대한 신뢰는 사라졌다. 비폭력 시위로는 아무것도 바꿀 수 없다는 주장이 힘을 얻었다. 대다수가 평화 시위를 이어갔지만, 경찰과 대치하는 선봉에선 청년들이 폭력으로 경찰에 맞서기 시작했다. 중국 정부 기관을 공격하고 오성홍기와 중국 국가 휘장을 훼손하고 중국 기업들의 홍콩 내 매장을 공격했다. 언제라도 체포되거나 '의문사'당할 수 있다고 불안해하면서 많은 청년들이 유서를 써두고 시위에 나섰다.

슬픔과 분노, 깊은 정치적 각성의 시간이 흘렀다. 홍콩인들은 자랑스럽게 여겼던 자유·법치·인권이 허무하게 무너질 수 있음을 깨닫는 동시에 그것을 지키기 위해 계속 거리로 나서고, 이전에는 무관심했던 노동조합과 조직을 구성하고, 시위를 지지하는 상인들과 시민들의 네트워크를 만들었다.

▐《 우산세대 》

오랫동안 홍콩인이란 정치에 무관심하고 각자도생에 바쁜 이들로 여겨졌다. 영국 식민지 시절부터 홍콩의 정치는 친영국 엘리트들과 부동산 재벌·자본가들만의 것이었다. 1997년 홍콩을 반환받은 중국 당국도 영국 식민정부의 자리를 고스란히 물려받은 뒤, 특권층에만 부와 정치권력이 집중되는 체제를 개혁하지 않았다. 식민정부와 유착했던 재계와 엘리트는 이제 중국 중앙정부와 밀착했고, 거대한 대륙 시장에 진출해 더욱 큰 부를 소유하게 되었다. 일반 시민들의 민심이 반영될 정치적 통로는 존재하지 않았다.

홍콩에 몰려온 중국 특권층들의 자금은 서민들의 삶을 점점 더 힘들게 만들었다. 상상을 초월하는 집값과 임대료, 중국 출신 이민자들의 좋은 일자리 독점, 부동산 재벌과 기업들의 규제받지 않는 투기, 엘리트들의 이익을 도모하는 통치 행위가 공공연했다. 홍콩의 지니계수(0.520)는 홍콩이 세계에서 가장 불평등한 도시임을 증명한다.

이런 상황에서 시민운동, 민주화운동이 꾸준히 자라났다. 1989년 베이징의 톈안먼 민주화 시위는 홍콩인들에게 정치적 각성의 집단 경험이었다. 대륙으로의 반환을 앞둔 홍콩인들은 시위대의 상황과 요구를 자신들의 것으로 여기며 진심을 다해 지원했다. 홍콩 시민 150만 명이 참여한 지지 시위도 열렸다. 그해 6월 4일 인민해방군이 시위대와 시민들을 유혈 진압한 사건의 충격은 홍콩인들에게 중국공산당에 대한 두려움과 불안이란 트라우마를 남겼지만, 동시에 대륙을 더 나은 곳으로 만들기 위해 함께 노력하려는 흐름을 만들어냈다.

오랫동안 홍콩 시민 단체들은 중국 대륙의 노동자를 지원하고 인권운동에 힘을 보탰다. 비록 지금은 대륙에서 자유와 민주가 완전하게 실현될 수는 없더라도 홍콩은 중국의 미래를 준비하는 대안적 공간이 되어야 한다는 사명감이 있었다. 홍콩 반환 이후 10여 년 동안은 중국 당국이 홍콩 민심에 귀 기울이는 태도를 보였고, 홍콩인들 사이에 중국에 대한 공감과 중국인이란 정체성이 높아졌다.

2012년 중국 중앙정부가 홍콩 중·고등학교에 애국 국민교육을 도입하려 한 것이 관계 악화의 분수령이 되었다. 당시 홍콩 중·고등학생들은 '세뇌교육'이라 항의하며 철회를 요구하는 운동을 조직했는데, 중학생이던 조슈아 웡黃之鋒과 아그네스 차우周庭 등이 주도한 '학민사조學民思潮'가 중요한 역할을 했다.

2014년 중국 중앙정부는 홍콩인들이 오랫동안 고대해온 행정장관 직선제를 사실상 중국 정부가 승인한 후보들만 출마할 수 있는 선거로 제한했고, 이에 항의한 홍콩 시민들이 79일간 중심 지역을 점거하고 진정한 직선제를 요구하며 시위를 벌였다. 경찰의 최루탄에 우산으로 맞선 청년들이 중심에 섰고, 당시 열일곱 살이던 조슈아 웡은 이 운동을 이끌며 새로운 정치 세대의 상징으로 성장했다. '우산혁명'이라 불린 이 운동은 철저히 비폭력 시위 원칙을 지켰고 독립 요구도 전혀 없는 온건한 시위였지만, 중국 정부로부터 어떤 양보도 얻어내지 못한 채 경찰에 강제로 해산되었다. 홍콩인들의 요구가 반영될 정치적 통로가 존재하지 않는다는 뼈아픈 절망감만 커졌다.

우산혁명이 좌절한 이후 '우산세대'가 등장했다. 이들은 부모 세대의 중국 시민사회 지원에 큰 관심이 없었다. 중국은 남이고 우리는 홍콩인이란 정체성이 높아졌다. 홍콩 민주화를 넘어 홍콩 독립을 강조하는 본토주의 단체들이 성장하기 시작했다. 홍콩에서 원정 출산, 싹쓸이 쇼핑, 부동산 투기를 하는 대륙인들에 대한 노골적 혐오감을 드러내는 인종주의적 주장도 나왔다. 조슈아 웡, 아그네스 차우는 네이선 로羅冠聰와 함께 데모시스토당을 결성해 중국에 대해 점점 강경한 입장을 밝혔다.

【 광복홍콩 시대혁명 】

2019년 송환법 반대 시위에서 일부가 미국과 영국 국기 등을 흔들면서 외국 정부의 개입을 요구한 것은 논란과 파장을 몰고 왔다. 조슈아 웡 등은 외국 정부의 중국에 대한 압박이 변화를 이끌어낼 수 있다고 주장했고, 미국 의회에 홍콩 정부를 제재할 수 있는 인권·민주주의 법(홍콩인권법)을 통과시킬 것을 촉구했다. 화춘잉 중국 외교부 대변인은 조슈아 웡이 "사방팔방 다니면서 중국에 대한 내정 간섭을 외국에 구걸하고 다니는 자"라고 비난했다.

중국공산당은 이 지점에 주목했다. 시위대 일부의 반중국, 독립 주장을 지목하며 홍콩 시위대 전체를 "매국노"로 규정했다. 중국 관영 언론들은 중국 정부 기관과 국기 등에 대한 시위대의 폭력 장면, 미국·영국 국기를 흔드는 극소수 시위대를 집중적으로 보여주면서 홍콩 시위대를 국가를 분열시키려는 배신자로 비난했다.

중국 지도부는 홍콩인들의 목소리에 귀 기울이는 대신, 이들의 절박한 시위를 안보 불안의 문제로만 보았다. 시진핑 주석 집권 뒤인 2014년 6월 중국 국무원 신문판공실이 발간한 〈홍콩특별행정구에서의 일국양제 실천 백서〉는 "외부 세력이 홍콩을 이용해 중국 내정에 간섭하려는 시도를 시종일관 경계해야 한다"며 위기의식을 강조했다. 미-중 패권 경쟁이 고조된 상황에서 홍콩 시위가 계속되자, 중국 당국은 미국이 홍콩이란 약한 고리를 이용해 중국을 흔들려 한다고 비난했다. 중국과 홍콩 정부가 시위대와 소통할 뜻을 전혀 보이지 않고 경찰의 폭력적 진압에 대한 홍콩인들의 분노가 커지면서, 홍콩 독립을 주장하는 목소리도 높아졌다.

"광복홍콩, 시대혁명"(홍콩 해방, 우리 시대의 혁명)이 시위대의 주요한 구호로 등장했다.

중국은 초강경책으로 응수했다. 코로나19 상황으로 미루어졌던 전국인민대표대회는 2020년 5월 22일 개막하자마자 홍콩 국가안전법(국가보안법)을 제정한다고 공표했다. 미국과 유럽 등이 코로나19의 수렁에 빠져 있던 시기에 중국은 홍콩 의회인 입법회를 제쳐두고 전국인민대표대회에서 보안법을 속전속결로 통과시켰다.

6월 30일 밤 11시 홍콩 보안법 시대가 막을 올렸다. 중국과 홍콩 정부를 비판하는 행위에 대해 분리 독립, 체제 전복, 테러 행위, 외세 결탁 등의 혐의가 적용되면 최고 종신형으로 처벌되고 단순 가담자도 최고 징역 3년 형에 처해진다. 중국 중앙정부가 홍콩에 직접 국가안보기구를 설립해 관련 정보를 수집하고 대상자를 처벌한다.

보안법은 머리 위에서 흔들리는 칼날이 되었다. 언제 어디서 홍콩인들의 머리 위로 날아들지 모른다. 민주파 인사들이 합법적으로 민의를 구현할 마지막 통로로 기대했던 입법회 선거는 연기되었다. 조슈아 웡을 비롯한 20명은 출마 자격을 아예 박탈당했다. 위험을 무릅쓰고 시위에 나선 학생들, 정치인들, 언론사 사주까지 보안법으로 체포되고, 중국 정부에 비판적인 언론사는 압수수색 당했다.

◖ 높은 벽, 좁은 길 ◗

보안법이 드리운 공포의 먹구름 아래서 많은 이들이 절망하고 떠나기도 하지만, 어떻게 남아서 버티고 바꿔나가야 할지에 대한 토론도 깊고 치열해졌다. 중국 당국에 대한 분노와 거부감이 커졌지만, 한편에선 중국 민중들과 손잡고 중국과 홍콩을 더 나은 방향으로 바꾸기 위해 노력해야 한다는 목소리도 힘을 얻고 있다.

홍콩의 좌파 활동가·연구자 그룹인 라우산Lausan은 2020년 5월 22일 발표한 글에서 "최근 몇 년 사이 홍콩 민중운동은 중국을 이웃나라 혹은 적대적 대상으로 보는 논법을 써왔지만 이런 논리로는 중국공산당의 민족주의에 맞설 수 없다"며 "국가 안보라는 미명하에 억압당하고 있는 대륙 내의 인민들과 단결해야 한다"고 호소했다.

대륙의 노동·인권운동을 30여 년 동안 묵묵히 지원해온 리척얀李卓人 홍콩직공회연맹 비서장은 8월 초《입장신문》인터뷰에서 대륙의 압제 속에서도 포기하지 않아온 운동가들과 같은 마음으로 계속 노력하겠다고 다짐했다. "대륙의 독재 체제 아래서 인권운동가들이 계속 노력하고 희생하는 것은 매우 중요한 도덕적인 힘이다. 보안법이 한 걸음 한 걸음 핍박해오는 지금 나는 끝까지 남아서 싸워야 할 책임이 더 커졌다고 생각한다. 반드시 신념과 언론자유를 지키고 새로운 시대에 도덕의 힘을 발휘하며 길게 싸우겠다는 결심을 해야 한다"며.

골리앗에 맞서는 다윗 같았던 홍콩인들의 처절한 싸움으로도 변화를 만들어낼 길은 애초부터 없었을지도 모른다. 홍콩인들의 비판적 목소리를 안보 위협으로 여기는 중국 당국은 삶의 방식과 법치·자유가 위협받는 것에 대한 홍콩인들의 불안에 귀를 닫았다. 홍콩인들의 민주와 민생 개선 요구를, 미국 등 외세에 협력해 중국을 뒤흔들려는 민족의 배신자·매국노 프레임으로만 보았다. 이는 중국공산당에게 가장 우려스러운 상황, 즉 홍콩 시위가 중국 내부에 영향을 미쳐 현실에 불만을 가진 이들이 홍콩 시위에 동조하고 연대하는 것을 차단하려는 것이었다. 중국 당국은 홍콩과 대륙 사람들 사이에 마음의 벽을 높이 쌓았다. 이 벽을 허물려는 길고 힘든 노력에서 길은 만들어질 것이다.

한둥팡

韓東方

1989 톈안먼이 2019 홍콩에게

《 1989년 베이징 》

한둥팡은 1989년 중국 톈안먼 시위의 특별한 주역이었다.

26세 철도 노동자였던 한둥팡은 톈안먼 광장의 한가운데서, 동료 노동자들과 함께 중국공산당에 속하지 않는 최초의 독립노조 베이징노동자자치연합회를 만들었다. 노동자들이 스스로 목소리를 내고 더 나은 세상을 만들 수 있기를 꿈꿨다. 〈전국 노동자에게 고하는 글〉을 발표해 "다음 세대가 민주의 맑은 공기를 자유롭게 호흡하면서 권리와 존엄을 누리게 하자"고 호소했고 노동자 조직 강령도 발표했다. 계엄이 선포된 뒤에는 총파업을 조직하려고도 했다.

1989년 4월에 시작된 베이징 톈안먼의 시위에는 수많은 목소리들이 있었다. 처음에는 민주개혁을 요구하는 대학생들이 개혁파 후야오방胡耀邦 총서기의 실각과 죽음을 애도하며 모였다. 얼마 뒤 노동자들, 평범한 시민들, 심지어 공산당원들까지 각계각층이 동참한 시위로 확대되었다. 대학생과 지식인들은 서구의 민주를 모델로 한 정치개혁 요구에 집중했고, 노동자·시민들은 시장화 개혁의 와중에 심해지는 빈부격차, 물가 폭등, 특히 특권층의 부패를 비판했다.

1989년 6월 3일부터 4일 새벽까지 인민해방군이 시위대와 이들을 지지하던 많은 시민들에게 발포해 유혈 진압한 뒤, 한둥팡은 시위 주동자 21명 중 한 명으로 지명수배 명단에 올랐다. 주동자로 지목된 이들 대부분은 대학생들이었지만 그는 이례적인 노동자 주동자로 수배되었다. 그가 감옥에서 폐결핵에 걸려 목숨이 위태로워지자 그의 석방을 요구하는 국제적 캠페인이 벌어졌고, 중국 당국은 그를 미국으로 보내 치료받게 했으나 중국으로 돌아오는 것을 허용하지 않았다. 1993년 귀국길에 강제로 추방되어 망명객이 된 그는 중국 대륙과 가장 가까운 홍콩에서 중국 노동자들을 위한 노동운동을 계속해왔다. 그는 매주 자유아시아방송의 라디오 프로그램을 통해 중국 대륙의 노동자들, 청취자들과 끊임없이 대화하면서 그들의 실상을 알리고 지원하는 활동을 해왔다. 1994년 설립한《중국노동통신》으로 중국 노동자들의 상황을 생

생하게 전하며, 그곳의 노동운동을 지원하는 활동을 멈추지 않고
있다.

《 2019년, 홍콩 》

톈안먼 시위가 유혈 진압된 지 꼭 30년 뒤인 2019년 6월 홍콩에서
송환법 반대 시위가 시작되었다. 톈안먼과 6·4(톈안먼 시위 유혈 진
압)에 대한 언급마저 금지하는 삼엄한 통제가 베이징을 비롯한 중
국 대륙을 짓누르고 있던 그때, 정치에 무관심하다고 여겨지던 홍
콩인들의 대다수가 거리로 나와 자유와 민주를 지키기 위해 1년
넘게 중국과 홍콩 정부의 탄압과 폭력적 진압에 맞섰다. 30년 전
톈안먼 시위가 남긴 미완의 과제를 홍콩인들이 이어받은 듯 보였
다. 한둥팡도 홍콩의 거리로 나섰다.

　사실 한둥팡은 2009년 이후 오랫동안 톈안먼과 관련한 취재
나 인터뷰는 하지 않는다는 나름의 원칙을 유지해왔다. 2012년
홍콩에서 그를 인터뷰했을 당시에도 그는 자신이 톈안먼 시위의
영웅으로 기억되는 것을 거부했다. 그는 톈안먼의 경험에서 멈추
어 서서 화석화되지 않고 중국 노동자들의 현재 삶을 바꾸는 데
모든 노력을 집중하고자 했다. 중국 노동자들이 단체협상을 통해
스스로의 권리를 찾고 그 과정에서 스스로 민주를 향해 나아갈 것
으로 굳게 믿고, 이를 지원하는 데 온 힘을 쏟았다. "중국 노동자

들이 일상에서 권리를 가질 수 있을 때, 권리 의식을 가지고 행동할 수 있을 때 중국의 진정한 변화, 나아가 전 세계 자본주의 구조의 변화가 만들어질 것"이고 "중국 노동자들의 5분의 1만이라도 스스로 대표를 뽑고 단체협상을 하도록 이끌어낸다면 그때서야 '민주적인 사회'를 이야기할 수 있을 것"이라는 그의 신념은 고집스러워 보일 정도로 확고했다.

톈안먼 30주년을 맞아 그는 다시 톈안먼을 얘기할 때라고 결심한 듯하다. 그는 2019년 6월 3일 《크리스천사이언스모니터》와의 인터뷰에서 시진핑 시대 들어 노동운동이 극심하게 탄압받고 시민운동이 숨을 죽인 지금의 중국 상황에 대해 절망하기보다는 여전히 희망을 품고 있다고 이야기한다. "시진핑 시대 들어와 많은 노동운동가들이 체포되고 노동 엔지오NGO가 탄압을 받고 있지만, 장기적으로 노동자 개개인의 각성이 중요하다. 지금 중국의 노동자들은 자신들의 희망을 정부나 다른 사람들에게 맡기지 않고 스스로에게 둔다. 그들은 우리가 (톈안먼 시위를 했던) 30년 전에 상상했던 것을 이미 뛰어넘었다. 그들이 권리를, 그리고 어떻게 싸워나갈지를 자각한다면, 여기에 희망이 있다." 그는 "중국공산당 정부는 노동자 가족들을 만족시키지 못하면 권력을 유지할 수 없다는 것을 깨닫고 있다. 그들이 직면한 가장 큰 정당성 이슈는 부의 재분배 문제다. 이런 긴장 때문에 중국 노동자들은 계속 힘을 얻어나갈 것"이라고 말했다.

한둥팡이 2012년 홍콩의 중국노동통신 사무실에서 저자와 인터뷰하고 있다. (사진=박민희)

홍콩에서 송환법 반대(반송중) 시위가 한창이던 2019년 10월 진보 계열의 라디오인 '더 월드'와의 인터뷰에서 그는 홍콩의 젊은 시위대에 대한 기대와 응원을 밝혔다. "30년 전 베이징에서 우리는 한번도 경험한 적이 없는 자유라고 불리던 어떤 것을 간청하다가 탄압을 당하자 바로 포기했다. 우리가 그것을 경험해본 적이 없었기 때문이다. 오늘날 홍콩의 젊은이들은 구걸하지 않고 요구한다. 그들은 자유 속에서 살아왔고 이제 누군가 그것을 빼앗아가려 하기 때문이다. 이 점이 근본적 차이다. 이 사람들이 절대 포기하지 않을 거라 믿는다."

홍콩 시위가 벌어지는 동안 중국 당국은 홍콩 시위대를 '미국 등 서방의 사주를 받은 매국노'로 공격했고, 미국 트럼프 행정부 관리들은 중국공산당을 비난하며 홍콩 시위에 대한 지지를 밝혔다. '미국 트럼프 행정부의 관리들이 중국 정부의 탄압을 비판하는 것이 시위대에게 도움이 되는가? 아니면 서구가 사주한 분리주의 운동이라는 중국 정부의 주장에 도움이 되는가'라는 질문을 받은 한둥팡은 트럼프 정부에 대한 환상을 경계했다. "(미국 관리들의 중국 비판이) 홍콩의 시위대에 도움이 되고 중국 정부가 다시 한번 생각하게 하는 효과가 있다. 그러나 여기에 대해 매우 심각한 질문이 있다. 펜스 부통령이나 트럼프 대통령은 중국과의 무역협상에서 더 유리한 위치를 차지하려는 전략적 움직임으로 이런 태도를 취하는 것인가, 아니면 원칙적으로 무역전쟁이 없었더라도 이 인권과 민주를 중요하게 여기고 있는가?"

그는 자신이 시위대와 대화할 뿐 아니라 모든 주요한 시위에 참여하고 있다고 했다. "나는 거리에서 시위대를 관찰하고 그들로부터 배운다. 지금 시위대의 마음과 용기는 30년 전 톈안먼 광장의 사람들과 다르다. 30년 전 우리는 우리가 꿈꾸는 어떤 것을 위해 싸웠다. 우리는 그것을 전혀 알지 못했고 그것을 경험해본 적이 없었다. 그러나 지금 내가 거리에서 보는 이 사람들의 얼굴과 몸짓에서 함께 불타겠다는 결의를 읽을 수 있었다. 나는 그들에게 전략적 제안을 할 수 없다. 나에게 그런 전략이 없기 때문이다. 나는 그들로부터 매일 밤낮없이 여러 운동들과 시위를 조직화해내는 창의성에 대해 배우느라 바쁘다."

송환법 반대 시위가 1년 넘게 계속되는 동안 홍콩 당국과 경찰의 강경 진압 앞에서 홍콩 시민들은 스스로 창의적인 방법으로 시위를 조직하고 일상 곳곳에서 '전민항쟁'으로 맞서기 시작했다. 2019년 9월부터는 업계별 노조(공회)를 만들기 위한 움직임이 확산되었다. 공무원, 교사, 보건의료, 금융, 항공, 문화예술, 호텔, 광고 등 곳곳에서 시민들이 노조를 만들어 일터에서 파업을 조직하고 함께 힘을 모아 탄압에 맞서려는 움직임들이 이어졌다. 시위 기간 동안 직장인들은 정부 청사 인근에서 점심시간을 이용한 시위를 벌이며 시위대를 지지하고 경찰의 강경 진압을 규탄했다. 시위 이전에는 상상하기 힘들었던 홍콩 사회의 깊은 변화가 일어났다.

◤ 마음은 봉쇄할 수 없다 ◢

2020년 5월 28일 중국 전국인민대표대회는 홍콩 국가보안법(국가안전법)을 찬성 2878표, 반대 한 표, 기권 여섯 표로 통과시켰다. 6월 4일에는 톈안먼 31주년 추모 시위도 당국에 의해 금지되었다. 매년 6월 4일 홍콩 빅토리아 공원에서 열린 톈안먼 희생자 추모 촛불시위는 홍콩이 중국의 다른 지역과 다른 자유의 땅이라는 상징이었다. 홍콩은 중국에서 톈안먼 추모가 허용된 유일한 곳, 함께 톈안먼 시위의 의미를 돌아보고 중국 민주화의 희망을 이야기할 수 있는 곳이었다. 홍콩 보안법 통과 이후 당국은 추모 시위를 31년 만에 처음으로 금지했지만, 시민들은 이날 마지막이 될지 모를 촛불집회에 모였다.

한둥팡은 앞으로 추모집회가 열리든 열리지 못하든 자신은 매년 이날 이곳에 올 것이라며 "당국이 빅토리아 공원을 봉쇄하고 민중이 톈안먼을 기념하지 못하게 하더라도 소용이 없다. 사람들의 마음을 봉쇄할 수는 없기 때문"이라고 했다. 그는 《사우스차이나모닝포스트》와의 인터뷰에서 "내년에 추모집회가 열리지 않는다고 6·4가 일어났다는 사실이 변합니까? 무고한 이들에 대한 총격이 일어났다는 사실이 변합니까?"라고 물었다. 이어 "공산당이 1978년 문화대혁명 기간 동안 저지른 실수들을 인정하는 결정을 내렸을 때 중국이 앞으로 전진할 수 있었던 것처럼, 6·4에 대한 추모를 억압하는 것이 아니라 당시 일어났던 일들을 인정할 때가 되어야만 중국의 새 시대가 열릴 수 있을 것"이라고 했다.

6월 30일 밤 11시 보안법이 시행되면서 홍콩은 순식간에 낯선 공간으로 변했다. 보안법은 정부에 대한 비판은 물론, 홍콩의 사회운동 단체가 해외 인권 단체나 정치조직과 연대하는 것까지 국가분열, 외세 결탁 등의 죄목으로 처벌할 수 있게 해서 중국과 홍콩 당국이 비판 세력을 마음대로 탄압할 수 있는 요술방망이임이 드러났다.

당국은 중국에 비판적인 일간지《핑궈일보》의 편집국을 압수수색하고 사주 지미 라이와 두 아들을 국가보안법 위반 혐의로 체포했다. 대만으로 밀항하려다 붙잡힌 청년 활동가 12명은 홍콩이 아닌 중국 본토 선전에서 불법월경 조직과 불법월경 혐의로 기소되었고 이들 중 10명은 징역형을 선고받았다. 시위를 주도한 청년 지도자들인 조슈아 웡, 아그네스 차우, 이반 람 등은 불법집회 선동·참가 혐의로 실형을 선고받고 투옥되었다. 시위에 가담했거나 구호를 외쳤다는 이유만으로 어린 학생들까지 체포되고 교사들은 해고되었다.

2021년 2월 28일 홍콩 당국은 범민주 진영 인사 47명을 국가보안법 위반 혐의로 무더기로 기소했다. 우치와이胡志偉 민주당 전 주석, 엘빈 융 공민당 주석, 베니타이戴耀廷 전 홍콩대 교수, 조슈아 웡, 사회민주연맹 소속 구의원이자 송환법 반대 시위를 주도했던 민간인권전선 공동의장 지미 샴, 노동운동가인 캐롤 응과 위니 위까지 중국과 홍콩 당국에 이견을 낼 가능성이 있는 이들을 모두 겨냥했다. 이들이 2020년 9월 6일로 예정되었던 입법회 의원 선거를 앞두고 그해 7월 11~12일에 지역구별 야권 단일 후보를 정하는 비공식 예비 선거를 조직하고 참여한 것에 대해 당국은 '국가 전복 모의 혐의'를 적용했다. 당시 홍콩 정부는 이 예비 선거를 불법으로 규정하고 이에 참여할 경우 처벌받을 수 있다고 경고했는데도 61만여 명의 유권자가 참여했다. 이러한 무언의 저항에, 당국은 저항의 싹을 아예 뿌리 뽑는 조처로 대응했다.

국가보안법을 이용한 범민주 진영 전면 탄압에 이어 2021년 3월 초 전국인민대표대회에서 중국 당국은 '애국자의 홍콩 통치'(愛國者治港·애국자치항)라는 새로운 구호를 내놓고, 홍콩의 선거제도를 전면 개편해 민주 진영의 민의가 선거에 반영되는 길을 전면 차단했다. 행정장관과 입법회 의원 후보자의 자격을 사전에 심사할 위원회를 신설하고, 행정장관 선거인단에서 친중파의 비율을 더욱 늘렸다. 중국공산당에 비판적인 이들을 비애국자로 규정해 행정장관이나 입법회 의원으로 당선될 가능성을 원천적으로 차단한 것이다. 홍콩 반환 당시 중국이 약속한 '홍콩인의 홍콩 통치'(港人治港·항인치항)를 기본으로 하는 일국양제 원칙은 역사 속으로 사라졌다. 홍콩의 완전한 중국화를 서두르려는 중국 지도부의 조바심이 두드러졌다.

2021년 6월 4일, 매년 톈안먼 시위 희생자를 추모하는 수십만 명으로 가득하던 빅토리아 공원은 경찰 병력에 봉쇄된 채 텅 비었다. 거리마다 대규모 경찰 병력이 배치되었다. 하지만 많은 홍콩 시민이 곳곳에서 각자의 방식으로 톈안먼을 추모했다. 체포 위험을 무릅쓰고 거리에서 촛불이나 휴대전화 불빛을 들었고, 성당에 모이거나 친구들끼리 집에 모여 촛불을 밝혔다.

한둥팡은 이날 오후 경찰의 경고에도 홀로 빅토리아 공원에 조용히 앉아 32년 전 톈안먼의 의미를 되새겼다. 그는 로이터통신 인터뷰에서 "무슨 일이 벌어져도 스스로 겁먹지 말아야 한다. 어두운 터널 한가운데 있다면 더더욱 스스로 빛이 사라져버렸다고 말하지 않아야 한다. 그것은 도움이 되지 않는다. 터널의 끝에는 반드시 빛이 있다"고 했다. 홍콩은 죽지 않았고, 보안법의 공포에 스스로 굴복해선 안 된다는 다짐이었다.

◤ 민간중국 ◢

2019년부터 2020년 6월 30일까지 홍콩 반송중 시위가 계속되는 동안 홍콩 내부와 해외에서는 홍콩 시위를 '톈안먼 2.0'으로 비유하는 논의가 있었다. 국제적 관심은 중국이 인민해방군을 '다시' 동원해, 30년 전 톈안먼에서처럼 유혈 진압에 나설지, 그로 인해 미-중 충돌이 벌어지게 될지 등에 집중되었다. 홍콩 반환 이후

6000여 명의 인민해방군이 홍콩섬 중심에 진주하고 있었으며, 중국 당국은 시위 기간 동안 홍콩에 인접한 광둥성 선전에 또 다른 수천 명의 병력을 모아놓고 훈련하는 모습을 공개하면서 무력 진압의 가능성을 위협했다.

하지만 톈안먼이 홍콩에 주는 진정한 유산은 1989년 톈안먼 광장에서 민주와 노동자의 권리, 평등과 자유를 요구했으나 무력 진압으로 좌절한 미완의 과제가 홍콩의 시민들에게로 이어졌다는 것, 홍콩 국가보안법으로 인한 또 한번의 좌절에도 불구하고 중국과 홍콩인들이 계속 이 과제를 이어나갈 것이라는 점이다. 1989년 홍콩인들은 베이징 톈안먼의 시위대를 응원하면서 '오늘의 톈안먼은 내일의 홍콩'(Today's Tiananmen, Tomorrow's Hong Kong)이라는 펼침막을 들고 행진했다. 이제 오늘의 홍콩은 어제의 톈안먼이 되어버렸지만, 이런 열망과 과제가 사라질 수는 없다. 홍콩 보안법으로 투옥된 베니타이 전 홍콩대 교수는 홍콩의 반송중 시위는 톈안먼 시위가 일어난 1989년에 시작되었고, 1997년 홍콩 반환과 2014년 우산시위를 거쳐 일어났으며, 이런 움직임은 앞으로도 계속될 것이라고 말한다.

홍콩 출신 정치학자인 빅토리아 틴보 후이(Victoria Tin-bor Hui) 노트르담대 교수는 외교전문지 《디플로맷》(2019년 12월) 기고 글에서 톈안먼을 1989년 6월 4일 유혈 진압으로 한정해 기억하는 것은 그날 이후 톈안먼 사태가 중국인들의 일상에서 계속되고 있다는 사실로부터 시선을 돌리게 한다면서, 정부에 비판적인 이들이 계속 탄압받고 시민들의 자율성이 억압당하는 현실에 주목해야 한다고 말한다. 중국 당국은 톈안먼에서 제기된 민주와 평등의 요구 그리고 부패와 특권에 대한 문제 제기를 진압해버린 뒤에 저항 수단을 잃은 국유기업 노동자들을 대량으로 해고하고 농촌에서 도시로 온 농민공들에게 제대로 권리를 주지 않은 채 저임금 노동력으로 활용해 급격한 시장화 개혁을 추진했다. 이것이 오늘날 중국 사회의 심각한 빈부격차, 농민공들이 겪는 심각한 차별의 주요한 기원이 되었다고 전문가들은 지적한다.

홍콩보안법이 시행된 이후에도 한둥팡은 자신의 방법으로 현실을 바꾸기 위해 쉬지 않고 노력하고 있다. 2020년과 2021년 한둥팡과 《중국노동통신》은 코로나19로 가장 큰 타격을 입은 중국 농민공들의 상황, 음식배달원과 택배 노동자를 비롯한 플랫폼 노동자들이 직면한 가혹한 노동 현실, 중국의 첨단 IT 빅테크 기업에서 일어나는 과도한 장시간 노동과 과로사 실태를 알리고 문제를 제기했다. 그는 흔들림 없이 중국 내 노동자들과 연대하고, 그들의 현실에 단단히 발을 디딘 변화를 추구하고 있다. 그는 정당한 권리를 찾으려는 노동자들의 노력이 중국을 바꿀 수 있다는 신념을 품고, 계속 그들과 함께하고자 한다.

중국공산당은 톈안먼의 시위를 동란으로 규정하고 시위 진압 이후 공산당이 이룬 화려한 경제발전 성과를 내세우며 무력 진압의 결정은 옳았다고 강조한다. 중국 당국은 중국의 역사적 유산과 거대한 영토, 세계 최대 인구 때문에 '공산당의 권위적인 통치에 인민이 순종하는 체제가 중국의 번영에 적합하다'는 담론을 끊임없이 선전하고 있다. 민주는 서구적인 가치이며 중국에 맞지 않다는 주장이다.

하지만 중국 현대사에서 민주와 공정을 추구하는 인민들의 자발적인 노력은 어려움 속에서도 이어져왔고, 이는 서구가 아닌 중국 인민들의 것이다. 1919년 5·4운동(1차 세계대전 이후 일본이 중국 산둥지역에서 특권을 가지게 된 데 항의하며 학생·시민·노동자가 참여한 반제국주의 애국운동. 과학과 민주를 요구하는 문화운동으로 발전했다), 1950년대 당의 문제를 지적했다가 반우파 투쟁으로 희생된 이들, 1978년 민주의 벽 운동(문화대혁명이 끝난 뒤 베이징 중심가 시단 거리에 시민들이 현실을 비판하고 민주와 개혁을 요구하는 대자보를 써서 붙이며 만들어진 자발적인 토론 공간. '베이징의 봄'으로 불리기도 한다), 1989년 톈안먼 시위, 2011년 부패 관리들의 마을 토지 불법 매각에 항의해 일어섰던 광둥성 우칸의 농민들, 2019년 홍콩의 시민들, 그리고 이후에도 그 미완의 과제를 풀어가려는 민간의 노력들은 멈추지 않을 것이다.

차이잉원

蔡英文

'하나의 중국'을 흔들다

《 해바라기운동, 결정적 전환점 》

2014년 3월 18일 대만 타이베이에서 학생과 시민운동가 300여 명이 입법원을 점거했다. 이들은 마잉주馬英九 총통의 국민당 정부가 시민들의 뜻을 제대로 묻지 않고 경제적 이익을 내세워 중국과의 서비스무역협정을 밀실 협상으로 강행하려 한다며 철회를 요구했다. 그들은 인터넷으로 시민들과 직접 소통하며 자신들의 주장을 알렸다. 23일간 계속된 의회 점거 시위는 여론의 광범위한 지지를 받았다.

'해바라기운동'(太陽花運動·태양화운동)으로 불리게 된 이 사건은 대만의 정치와 사회, 양안관계(대만-중국 관계)를 완전히 바꿔놓았다. 해바라기운동은 단지 중국과의 무역협정 문제에서 비롯된 것은 아니었다. '강하고 부유해진 중국과 어떻게 공존해야 하느냐'는 질문에 대한 오랜 고민과 불안이 빈부격차, 청년들의 저임금과 실업 문제 등과 만나 해바라기운동으로 분출했다.

2016년 대만의 첫 여성 총통 차이잉원의 당선은 해바라기운동의 결실이기도 했다. 할머니가 대만 산악 지역 원주민인 파이완족이고, 아버지 쪽 조상은 청나라 때 광둥에서 대만으로 이주해온 객가 출신 본성인本省人(명청 시대부터 1945년 이전까지 중국에서 온 이주민)인 차이잉원은 중국 대륙과는 다른 대만인 정체성을 상징한다. 그는 대만국립대학과 미국 코넬대학에서 법학을 전공하고 영국 런던정경대에서 정치학 박사학위를 받은 뒤 대학 교수로 일하다, 1990년대에 대만의 세계무역기구 가입 협상을 맡으며 공직에 들어섰다. 민진당 출신 첫 총통인 천수이볜陳水扁이 대선에서 패배한 뒤 부패 혐의로 투옥된 당의 위기 속에서 당 대표를 맡은 그는 변화를 강조하며 젊은 지지층을 결집해 나갔다. 2012년 첫 출마에서 중국과 긴밀한 관계로 경제 급성장을 약속한 국민당 마잉주 총통에게 패배했지만, 해바라기운동에서 표출된, 중국의 과도한 영향력에 대한 우려와 사회 변화 열기에 힘입어 2016년 당선되었다.

❰❰ '대만인' 정체성 ❱❱

중국 대륙과의 관계는 대만 사회에 드리워진 숙명적 질문이다. 일본의 식민통치에 이어 1940년대 말부터 대만을 통치한 국민당은 1987년까지 반공과 대륙 수복을 내걸고 계엄 통치를 하면서 인구의 85퍼센트에 달하는 본성인들을 억압했다. 계엄령이 해제되고 민주화가 진행되면서 중국인과는 다른 '대만인' 정체성이 강화되었다. 1996년 대만의 첫 직선제 총통선거를 앞두고 중국은 대만 독립 성향의 첫 본성인 총통인 리덩후이李登輝의 재선을 막으려 대규모 군사훈련을 실시하기도 했고, 2005년에는 대만이 독립을 추진하면 무력을 동원할 수 있도록 반분열국가법을 제정하기도 했다. 이에 대해 대만 내 반발이 커지자 중국은 경제적 혜택과 교류 강화로 대만을 끌어당기는 정책으로 방향을 전환했다. 대륙에 진출한 대만 기업들은 호황을 누렸고, 국민당 정부는 친중 정책으로 경제성장률을 끌어올렸다. 2008년 '양안 화해'를 내걸고 당선된 국민당의 마잉주 총통은 2010년 중국과의 자유무역협정인 경제협력기본협정(ECFA)을 맺었고, 그해 대만 경제성장률은 10.6퍼센트로 급등했다. 강한 경제적 연대가 '하나의 중국'을 만들어갈 듯 보였다.

하지만 대만 기업들이 중국으로 빠져나가며 대만 내에 산업 공동화가 나타났고 청년들의 저임금과 실업 문제가 심각해졌다.

차이잉원(가운데) 대만 총통이 2020년 9월 22일 펑후섬 군기지를 방문해 시찰하고 있다.
차이 총통은 중국 전투기들의 계속되는 대만방공식별구역 진입 무력 시위를 비판했다.(사진=연합뉴스)

민주화 이후 대만에서 나고 자란 본성인 신세대는 '중국인이 아닌 대만인' 정체성이 강하고, 국민당 정부의 중국과의 관계 강화에 비판적이었다. 중국 대륙에서 시진핑 국가주석의 억압적 통치가 강화되고 해바라기운동과 같은 해에 홍콩에서 일어난 우산혁명이 중국 당국의 탄압을 받으면서, 중국의 통치 방식에 반감을 느끼는 대만인과 홍콩인의 정서가 강하게 공명했다. 해바라기운동과 우산혁명은 대만의 여론에 '중국과 우리의 길은 다르다'는 선명한 신호를 각인시킨 역사적 분기점이었다.

대만 대선을 두 달 앞둔 2015년 11월 7일, 시진핑 국가주석과 마잉주 대만 총통이 싱가포르에서 만났다. 1945년 8월 충칭에서 장제스蔣介石와 마오쩌둥이 회담한 이후 70년 만에 이루어진 국공 양당 지도자의 역사적 만남이었다. 이 자리에서 시진핑 주석은 양안관계는 "뼈가 부러져도 근육으로 연결된, 피는 물보다 진한 한 가족"이라고 강조했지만, 이어진 선거는 중국 대륙과는 다른 독자적인 길을 걷고자 하는 차이잉원 민진당 후보의 승리로 끝났다.

〖 '우리의 길은 다르다' 〗

민진당은 1991년 '국민주권의 원리에 기초한 대만 공화국 건립'을 강령에 명시했고, 2000년 집권한 천수이볜 정권은 집권 내내 유엔 가입을 시도하는 등 대만 독립을 추진했다. 하지만 차이잉원 정부의 대중국 정책은 훨씬 미묘하다. 1992년 중국과 국민당 정부 사이에서 이루어진 '하나의 중국' 원칙에 대한 합의(92공식)는 인정하지 않지만, 그렇다고 '대만 독립'을 명시적으로 추진하지도 않는다. '중화민국'으로서 사실상 이미 독립해 있는 현상을 유지하면서 국제적으로 대만의 위상을 강화하는 쪽에 초점을 맞추고 있다.

그사이 미국 트럼프 행정부의 등장은 민진당의 '반중 정책'과 맞물리면서 국제사회에서 대만의 위상에 급진적 변화를, 양안 관계에는 폭풍을 몰고 왔다. 도널드 트럼프는 대선에서 승리한 직후인 2016년 12월 2일 당선자의 자격으로 차이잉원 대만 총통과 통화했다. 10분간의 통화는 1979년 미중 수교와 미-대만 단교 이후 미국 대통령과 대만 총통의 첫 대화였고, 이후 이어질 심상치 않은 사건들의 극적인 예고편이었다. 2018년 트럼프 대통령은 대만여행법에 서명해 양국 고위 관료들의 상호 방문을 법제화했다. 2019년 6월 미 국방부가 발간한 〈인도-태평양 전략 보고서〉는 대만을 미국의 이익을 실현하기 위해 관계를 강화할 필요가 있는 '국가'로 명시해 중국을 자극했다. 2020년 8월에는 앨릭스 에이자 Alex Michael Azar Jr. 미국 보건복지부 장관이 타이베이를 찾았고 9월에는 키스 클라크 국무차관이, 12월에는 앤드루 휠러 Andrew Wheeler 미국 환경보호청장이 대만을 방문했다. 트럼프 정부의 퇴장 직전인 1월 9일 폼페이오 미 국무장관은 대만과의 고위급 관리 접촉 제한을 풀겠다고 발표했다.

트럼프 행정부의 거침없는 조치들에, 중국은 미-중 수교 이후 양국이 합의한 하나의 중국 원칙 위반이라며 반발했다. 미국 관리들이 대만을 방문할 때마다 중국은 대만해협에 전투기를 출격시켜 무력 시위를 벌였고, 미국도 군함을 보내 맞섰다. 1979년 중국과 수교하면서 미국 의회가 제정한 타이완관계법은 대만이 공격받았을 때 미국이 개입해야 할 의무조항은 넣지 않았지만, 대만에 자위수단을 제공할 의무를 명시했다. 이를 근거로 미국은 대만에 계속 무기를 팔아왔는데, 오바마 행정부 시절 86.7억 달러였던 대만에 대한 미국 무기 판매가 트럼프 행정부에서는 124.2억 달러로 급증했다. 미국 무기 산업에 대만은 점점 중요한 '시장'이 되어가고 있다.

미-중 갈등이 고조되면서 미국과 중국 모두 대만 카드를 요란하게 이용했다. 미국은 대만을 활용하는 이이제이以夷制夷 전술이 중국을 흔드는 데 매우 유용하다는 것을 잘 알고 있다. 우선 대만은 중국이 태평양으로 진출하기 위해 돌파해야 하는 '제1열도선'(쿠릴열도~일본~오키나와~대만~필리핀~보르네오를 잇는 개념)의 전략적 요충지이며, 미국이 중국을 견제할 '가라앉지 않는 항공모함'이다. 미-중 갈등의 최전선인 반도체 전쟁에서도 대만의 향방이 중요하다. 대만은 세계 반도체 산업에서 파운드리(위탁생산) 분야의 핵심이다. 미국이 중국과의 '반도체·첨단기술 전쟁'에서 승리하려면 대만 기업들의 협조가 필수적이다. 미국의 화웨이 제재

조치 이후 세계 최대 반도체 파운드리 기업인 대만의 TSMC는 오랜 파트너였던 화웨이와의 거래를 곧바로 중단했다.

무엇보다 시진핑 체제의 중국몽에서 대만이 차지하는 위치가 미-중 갈등에서 대만의 전략적 가치를 더욱 크게 만들었다. 시진핑 주석이 강조하는 중국몽과 중화민족의 위대한 부흥에서 대만과의 조국 통일은 핵심이다. 대만 통일을 향한 노력은 시진핑 주석이 강한 리더로서의 정통성과 장기집권을 합리화하는 중요한 요소다. 시진핑 주석은 2019년 1월 2일 〈대만 동포에 고하는 글〉 발표 40주년 기념 연설에서 "대만은 중국의 내정이고 중국의 핵심 이익과 중국 인민의 민족 감정 문제"라면서 "어떤 외부의 간섭도 허용하지 않을 것이다. 우리는 무력 사용 포기를 약속하지 않을 것이며 일체의 필요한 조치를 취할 수 있다"고 했다. 무력통일도 가능하다는 이 선언은 큰 파문을 일으켰다. 대만이 독립을 공식 선언하지 않는 한, 시진핑 지도부가 무력 통일에 나설 가능성이 지금으로선 높지 않다. 하지만 애국주의적 자긍심을 한껏 부추기고 있는 시진핑 지도부로서는 차이잉원 정부가 실질적으로 하나의 중국에서 멀어지는 움직임에 강경하게 대응하지 않으면 정통성이 훼손된다. 중국의 홍콩 시위 탄압과 국가보안법으로 대만에 대한 일국양제 해법은 효력을 상실했으며, 중국은 이제 평화 통일이란 용어도 사용하지 않는다. 중국 인민해방군은 대만을 겨냥해 미사일 발사 훈련, 공군기와 군함을 동원한 무력 시위, 상륙

훈련을 잇따라 실시하며 힘을 과시한다. 여기에 대만도 전시를 방불케 하는 군사 훈련으로 맞선다. 대만해협의 긴장은 수십 년 만에 최고 수준으로 높아졌다.

사회 의제에서 차이잉원 정부는 탈원전, 최저임금 인상, 아동·노인 복지 강화, 공공주택 공급, 동성결혼 합법화 등 해바라기운동 세대가 지지하는 진보적 의제들을 적극 수용했다. 하지만 2018년 노동법 개정 과정에서 노동시간 단축, 소득 증가 등의 공약을 뒤집고, 노동시간을 오히려 연장하는 등 기업의 이해관계를 대변한다는 비판을 받았다. 결국 청년 저임금, 부동산 가격 급등, 빈부격차 악화, 수출 감소, 성장률 하락 등에 대한 실망감 속에서 한때 차이 총통의 지지율이 15퍼센트까지 곤두박질치고 2018년 11월 지방선거에서 민진당이 참패해 차이 총통이 당 주석직에서 사퇴하기까지 했다. 반전은 홍콩에서 시작되었다. 2020년 대만 대선을 앞두고 2019년 6월부터 시작된 홍콩의 송환법 반대 시위에 중국이 폭력적으로 대응하자, 대만인들은 이를 대만의 미래에 대한 경고로 받아들였다. 홍콩 시위에 대한 지지를 밝히며 중국에 대한 경계감을 강조한 차이잉원의 지지율은 12월에는 55퍼센트로 수직 상승했고, 2020년 1월 대선에서 역대 최다 득표로 재선에 성공했다.

2020년 코로나19 팬데믹의 고통에 빠진 세계에서 반중 감정이 치솟은 가운데 대만은 세계에서 가장 성공적인 방역 모델이자 중국의 디지털-권위주의 방역 모델의 이상적인 대안으로 떠올랐다. 2021년 5월 급작스럽게 코로나19 확진자가 급증하기는 했지만, 팬데믹이 시작된 지 1년이 되는 2021년 1월 말까지는 누적 확진자 900여 명, 사망자는 여덟 명으로 전염을 효과적으로 통제했다는 평가를 받았다. 중국처럼 강압적 봉쇄를 하지 않고도 투명한 정보 공개와 시민참여형 방역으로 이런 성과를 냈다는 점에서도 주목을 받았다.

다른 국가들에 비해 성공적인 방역으로 경제적 타격이 덜했고 대만의 주력 산업인 반도체, 컴퓨터, 전자제품의 전 세계적 수요는 늘면서 2020년 성장률이 2.98퍼센트로 중국(2.3퍼센트)을 넘어섰다. 차이잉원 정부는 외국 정치인들을 초청하고, 코로나19 1주년에는 대만의 성공 사례를 홍보하는 다큐멘터리를 제작·공개하는 등 대만 방역 모델의 성공을 국내외에 공들여 홍보하고 있다. 2021년 신년 담화에서 차이 총통은 "우리는 봉쇄하지 않았다. 우리 아이들은 학교에 갈 수 있고 사람들은 정상적으로 출근한다. 마스크를 쓰고 콘서트에 가고 경제는 계속 성장하며 증시는 사상 최고를 기록하고 있다"고 자부했다.

《 위태로운 주전장 》

바이든 행정부 취임 직후부터 대만은 미-중 갈등의 주전장이 되었다. 2021년 1월 20일 바이든 대통령의 취임식에 사실상 주미대사 역할을 하는 샤오메이친蕭美琴 주미 대만대표가 미 의회의 공식 초청을 받아 참석했다. 미국과 대만이 단교한 1979년 이후 처음이다.

중국은 이에 대해 1월 23일에는 전투기 13대를, 다음 날에는 15대를 대만 본섬과 남중국해의 전략적 요충지인 동사도東沙島 사이의 대만 방공식별구역에 진입시켜 무력 시위에 나섰다. 바이든 행정부는 23일 중국을 향해 대만에 대한 압박을 중단하라고 공식 경고했다. 미국 국무부는 대변인 성명을 통해 "미국은 대만을 포함한 이웃들을 겁주려는 중국 인민해방군의 계속되는 시도를 우려 속에서 주시하고 있다"며 "미국의 대만에 대한 의지는 바위처럼 단단하다"고 했다. 이어, 바이든 정부의 대중국·대만 정책과 관련해 세 가지 기준도 제시했다. 미-중이 맺은 세 개의 코뮈니케, 대만관계법, 그리고 6대 보장(Six Assurances)이다.

닉슨 대통령의 1972년 방중 이후 미-중이 발표한 세 개의 코뮈니케의 핵심은 미국이 하나의 중국 원칙에 동의하고 베이징 정부를 중국의 유일한 합법 정부로 인정하는 것이다. 하지만 1982년 세 번째 미-중 코뮈니케에서 미국은 중국에게는 대만에 대한 무기 판매를 줄이겠다고 하면서 대만에는 '6대 보장'을 해주었다. 6대 보장은 '대만에 대한 무기 판매 종료 시점을 정하지 않고, 대만에 무기를 판매하는 것에 대해 중국과 협의하지 않으며, 대만의 주권과 관련한 미국의 태도를 바꾸지 않는다'는 등의 내용이다. 이 내용은 과거 미국 정부에서는 부각되지 않다가 트럼프 행정부가 중국 때리기에 나서면서 강조하기 시작했다.

바이든 행정부는 공식적으로 '6대 보장'을 대만에 대한 주요 정책으로 강조함으로써 대만을 활용하는 대중국 압박을 계속하겠다는 신호를 분명히 했다. 세 개의 코뮈니케에 담긴 '하나의 중국'을 부정하지는 않았지만, 분명 중국을 겨냥한 도발적인 메시지다. 바이든 대통령 취임 직후 백악관이 "중국과의 관계에서 전략적 인내를 갖고 새로운 접근을 해나갈 것"이라고 밝힌 것도 트럼프 행정부가 확보해놓은 대중국 강경 카드들을 당분간 계속 활용하면서 동맹을 규합한 새 대중국 견제 전략을 마련하겠다는 뜻이다.

미국 바이든 행정부는 대만을 지렛대 삼아 중국 흔들기를 계속할 것이고, 2021년 공산당 창당 100주년과 2022년 시진핑 주석의 3연임을 결정할 20차 당대회를 맞아 정당성과 성과를 부각시켜야 하는 시진핑 주석도 '대만에 대한 무력통일도 가능하다'는 강경 태세에서 물러서기 어렵다. 미-중 양국 모두 두 강대국의 실제 군사적 충돌로는 나아가지 않는다는 암묵적인 선은 그어두고 있지만, 대만 카드를 패권 경쟁에서 충분히 활용하며 위태로운 공방전을 계속할 것이다. 특히 경제력이 쇠퇴하고 국내 분열로 휘청이는 미국이 과연 동아시아에서 중국에 대한 우위를 언제까지 유지할지 많은 동맹국들이 불안해하는 상황에서 바이든 행정부가 대만에 대한 확고한 태도를 보이는 것은 동맹구조를 안정시키는 데 중요한 요소다. 미국은 당분간 대만을 중시하는 정책을 펼 수밖에 없고 대만의 지정학적 가치와 국제사회에서의 위상은 커질 것이다. 하지만 장기적으로는 미국의 대중국 정책에 따라 대만의 운명은 심하게 출렁이게 된다.

2014년 해바라기운동 이후 민주·자유·진보적 가치에 대한 지향이 더욱 뚜렷해진 대만 사회에서 중국의 권위주의에 대한 반감이 커졌다. 하지만 여전히 중국에 대한 경제적 의존도가 높고, 중국과의 갈등 고조 속에서 미국에 대한 의존도가 높아지는 '3각 딜레마'에 대한 대만 사회의 고민은 깊다.

왕즈밍王智明 대만중앙연구원 연구원은 해바라기운동과 우산혁명으로 대만 사회에 매우 중요한 변화가 일어났다며, "독립을 바라거나 중국을 거부하는 젊은 유권자들이 중국에 우호적인 보수적 유권자들을 압도하게 되었다"고 말한다. 그는 이런 변화가 대만의 운명을 바꿀 수 있다며 "부정적인 쪽으로 보면 대만해협에서의 전쟁 가능성이고, 긍정적인 면을 보면 대만 주체성의 진일보한 확립이다. 하지만 낙관적으로 기대한다 해도 모두 미국의 지지에 의존하는 것으로 이 점이 대만을 전쟁의 위험에 빠뜨릴 수 있다"고 우려했다. 그는 해바라기운동 이후 대만 사회의 반중 정서가 "양안의 경제적 의존관계를 무시하거나, 미국의 대중국 정책을 이해하지 못하는 것"이라고 비판적으로 보면서도 "가장 큰 책임은 중국공산당에 있다"고 했다. "그들은 중국의 굴기가 주변에 위협이 된다는 것을 무시하고 오히려 이를 빌려 일당독재를 공고히 했다. 시진핑 정책의 강경함은 여기서 비롯되었다. 시진핑의 중국몽이 이 일련의 지정학 정치의 변화를 추동했고, 미국이란 제국과 반공 사상이 이런 구조를 더욱 강화시켰다."

미-중 갈등의 치열한 전선 위에서 대만 차이잉원 정부는 위태로운 도박을 선택했다. 중국이 국내 억압적 통치를 강화하고 대외적으로 경제·군사적 힘을 휘두르는 정책을 바꾸지 않는다면, 대만 사회는 이 길을 갈 수밖에 없을 것이다. 해바라기운동 이후 대만 사회의 도도한 변화를, 중국은 제대로 읽지 못하고 있는 듯 보인다.

4부 변혁의 불씨

왕취안장

王全章

우리는 법치를 요구한다

《 709 대체포 》

2015년 7월 9일 새벽, 여성 변호사 왕위_{王宇}와 남편, 열다섯 살 아들이 검은 옷의 남성들에게 끌려가 실종된 것은 긴 공포의 시작을 알리는 신호탄이었다.

몇 달 만에 중국 전역에서 인권변호사와 인권운동가 300여 명이 공안에 체포되었다. 그들의 '죄'는 중국 당국이 불온시하는 이들을 변호하고 사법 정의를 요구한 것이었다. '709 대체포'로 불리는 이 사건은 시진핑 시대 중국이 공산당에 비판적인 목소리는 조금도 용납하지 않으리라는 것을 보여주는 분명하고 강력한 불호령이었다.

체포된 변호사와 운동가들에겐 '국가 정권 전복 선동' 혐의가 적용되었다. 이들은 외부와의 연락이 끊긴 채 고통스러운 심문을 당했다. 2016년 8월 변호사 왕위가 외국 조직 등에 속아 국가 정권 전복 행위를 했다고 강제 자백하는 동영상이 공개되었다. 왕위는 오랫동안 위구르인 학자, 여성운동가들, 중국 당국이 사교로 규정한 파룬궁 수련자 등 중국 사회의 약자들을 변호해왔다. 이후 풀려난 왕위는 자신이 고문을 당했으며, 열다섯 살 아들이 자신 때문에 공안에 불려가 구타를 당하고 외지로 추방되는 등 극심한 괴롭힘을 당해 우울증을 앓고 있다고 폭로했다.

체포되어 심문을 받은 300여 명 가운데 인권변호사 장톈융江天勇, 셰양謝陽, 리위한, 리허핑李和平, 관영 언론이 알리지 않는 인권 침해 문제들을 인터넷으로 전해온 운동가 우간吳淦 등 20여 명이 국가 정권 전복 선동 혐의로 기소되어 징역형을 선고받았다. 다른 이들은 가택 연금, 출국 금지, 구류, 변호사 자격 박탈 등을 당했다.

❰ 법치의 적은 누구인가 ❱

이들 중 왕취안장은 가장 오랫동안 실종 상태였다. 왕취안장은 지방정부와 부동산 회사들에 억울하게 토지를 빼앗긴 사람들, 파룬궁 수련자 등을 변호해왔다. 2015년 8월 3일 체포된 그는 2019년 1월 24일까지 1300일 넘게 가족이나 변호사 등과의 접촉이 완전히 차단된 채 가혹한 심문을 받았다. 왕취안장은 끝까지 유죄를 인정하지 않았다. 그는 "권리를 박탈당한 사람들을 돕는 것이 어떻게 국가전복죄가 되느냐"고 따졌다. 2019년 1월 24일, 방청이 금지된 채 진행된 재판에서 톈진 제2중급인민법원은 그에게 국가 정권 전복 선동 혐의로 4년 6개월 형과 정치권리 5년 박탈을 판결했고 3개월 뒤 톈진 고급인민법원이 판결을 확정했다.

그의 아내 리원쭈李文足는 남편의 억울한 체포와 구금, 재판을 세상에 알리는 투사가 되었다. 그는 외국 언론들에 남편의 사연을 밝히고, 100킬로미터를 행진하며, 남편과의 면회를 요구하는 시위를 벌였고, 체포된 다른 변호사의 아내들과 함께 삭발을 하면서 남편의 석방을 호소했다. 2018년 중국을 방문한 앙겔라 메르켈 독일 총리가 리원쭈와 만난 이후 당국은 2019년 6월 리원쭈에게 왕취안장과의 30분 면회를 허용했다. 리원쭈는 오랫동안 가족과의 연락도 차단된 불안 속에서 고문과 가혹행위를 당하며 마비된 것처럼 변해버린 남편의 모습에 충격을 받았다.

2020년 4월 5일 왕취안장은 4년 6개월의 형기를 모두 마치고 출소했지만, 당국은 코로나19 방역을 이유로 그가 아내와 아들이 기다리는 베이징의 집으로 가는 것을 막고 산둥성 지난의 고향 집에 그를 격리하고 감시했다. 이런 사연이 알려지면서 국내외에서 비난이 일자 당국은 그제야 그의 베이징행을 허용했다. 4월 27일 그는 집으로 돌아와 아내, 아들과 포옹했다.

왕취안장이 체포되기 전 모습을 그의 가족들이
석방 운동을 위해 공개한 사진.(사진=웨이보 갈무리)

돌아온 왕취안장은 굴복하지 않았다. 그는 독일 공영방송 〈도이체 벨레〉, 일본 《교도통신》 등과의 인터뷰에서 부당한 판결을 바로잡겠다는 결의를 밝혔다. 그는 심문을 당하는 동안 햇볕이 전혀 들지 않는 방에 갇혀 아침부터 다음 날 새벽까지 구타를 당하며 잠을 잘 수 없었고, 한 달 내내 거의 온종일 두 팔을 들고 있어야 했다고 털어놓았다. "내가 겪은 일은 정말로 고통스러웠지만, 나는 동정받는 희생자로 보이길 원하지 않는다"며 "변호사로서 나는 법원이 법을 어기고 나에게 잘못된 판결을 내린 사건의 부당함을 드러내고 싶다"고 말했다.

'709 대체포' 5주년을 맞은 2020년 7월 8일 그는 인터넷에 공개서한을 발표해 당국이 자신에게 뒤집어씌운 혐의에 대해 조목조목 반박했다. 그는 자신이 변호사로서 파룬궁 수련자들이 고문당한 것에 항의한 것, 외국인과 함께 인권 단체를 설립해 홍콩에 기업 형태로 등록한 것, 언론 인터뷰에 응한 것을 당국이 기소장에서 국가 정권 전복의 증거로 삼았다고 밝혔다. 그는 "보통 국가에서 국가 전복이란 무장한 상태의 정권 전복 행위를 말한다"며 "변호사로서 행하는 업무를 정권 전복 행위로 규정하는 것은 충격적"이라고 비판했다. 그는 자신을 심문하고 재판한 이들이 "자의적 구금과 기소, 유죄판결로 법의 원칙을 공공연히 훼손했다"면서 "이들이야말로 사법제도의 파괴자들이며 법치국가의 적들"이라고 비판했다. 그는 "중국의 변호사와 인권운동가들이 특별한 요구를 하는 것이 아니다. 중국 헌법과 법에 규정된 인민의 기본적인 자유와 권리가 진정으로 보장되기를 원할 뿐이다"라고 했다.

❰ 그물과 올가미 ❱

2015년 7월 인권변호사들은 왜 중국 당국의 대탄압 대상이 되었을까. 인권변호사들은 2000년 이후 조심스럽게 싹을 틔우고 성장해온 중국 사회의 풀뿌리 시민운동, 노동운동의 든든한 버팀목이자 전국에 흩어진 운동들을 이어주는 그물 같은 존재였다. 파업에 나선 노동자들, 관영 언론에서 보도하지 않는 소식을 전하려던 시민기자들, 탄압받는 소수민족들, 공산당이 금지한 지하교회(중국 공산당이 통제하는 조직에 속하지 않은 교회)와 파룬궁 신자들, 토지를 빼앗긴 이들을 변호하고 억울한 이들의 사연을 세상에 알렸다. 이렇게 인권변호사들끼리 서로 연대하고 협력하면서 중국 전역에 네트워크가 만들어졌고, 시민운동 조직들도 이들을 통해 연대할 수 있었다. 톈안먼 시위 유혈 진압 이후 중국 당국의 시민사회에 대한 가장 강력한 탄압이었던 '709 대체포'는 인권변호사들의 네트워크를 궤멸시킴으로써 인권운동과 노동운동의 암흑시대를 예고했다.

후진타오 시대(2002~2012), 중국 당국은 사회의 둘레에 보이지 않는 선을 그어놓고 '중국공산당에 직접 도전하지 않는다'는 암묵적인 선을 넘지만 않는다면 시민사회의 성장을 어느 정도 용인하는 태도를 취했다. 이때는 중국의 고속 성장이 최고조에 달한 시기였고, 당국은 경제적 과실 분배를 통해 사회를 관리하려 했다. 원자바오 총리는 기회가 있을 때마다 "정치 개혁을 하지 않으면 개혁개방의 성과를 잃을 수 있다"고 경고했다. 풀뿌리 시민운동과 노동운동이 성장하고, 강제철거와 환경오염에 대한 항의시위가 벌어지고, 중국이 나아갈 방향을 둘러싼 다양한 목소리가 나왔다. 많은 이들은 중국 사회 둘레의 선이 점점 확대되면서 좀더 포용적이고 자유로운 사회로 변해갈 것으로 기대했다.

시진핑 시대 들어 그 선이 급속히 좁아지면서 당국에 복종하지 않고 비판적인 의견을 말하는 이들을 옥죄는 올가미로 변했다.

중국 경제의 초고속 성장 시대가 끝나고, 미국과의 패권 경쟁으로 외부 환경이 악화되고, 노동자들의 파업과 시위가 계속되는 가운데 중국 지도부는 통제 강화로 사회불안 요소를 원천 차단하기로 결정했다. 공산당과 시진핑 주석의 영도에 대한 절대적 복종을 강조하면서 인민의 주체성과 아래로부터의 목소리는 철저히 통제하는 쪽으로 급속한 방향 전환이 일어났다. 광대하고 복잡한 제국을 통치하는 절대 권력이 필요에 따라 지방과 백성에 대해 풀어주기(放·방)와 통제하기(收·수)를 반복해온 중국의 역사 순환에서 통제 강화의 주기가 시작되었다. 제국의 역사적 통치술에 인공지능과 생체정보를 이용한 21세기 첨단 감시가 더해지면서 중국 역사상 어느 때보다도 강력한 통제가 사회 구석구석을 뒤덮기 시작했다.

'709 대체포' 이후 5년이 지난 지금 변호사와 인권운동가들은 포기하지 않고 힘겨운 싸움을 이어가고 있다. 법학자이자 엔지오 활동가인 쉬즈융許志永은 시진핑 주석이 코로나19 상황에 책임을 지고 하야할 것을 요구하는 공개서한을 인터넷에 올렸다가 2020년 3월에 다시 구금되었다. 왕취안장의 변호를 맡았고 사법·정치 개혁을 공개적으로 요구해온 위원성余文生은 2020년 6월 국가 정권 전복 혐의로 징역 4년을 선고받았다. 이들은 정권을 전복하려는 것이 아니라 공정한 사법제도, 표현의 자유, 인권 보장, 역동적인 시민사회가 존재하는 중국을 희망한다. 고문이 없고, 어떤 피고인이든 법적 조력을 받을 수 있고, 당의 간섭에서 자유로운 재판을 요구한다. 중국 당국은 이들이 외세와 결탁해 서구 사상을 추종한다고 비판하지만, 민주와 평등을 요구하는 목소리는 중국 현대사의 오래된 미완의 과제다. 1919년 반제국주의와 함께 민주와 과학을 요구했던 5·4운동의 과제는 중화인민공화국 수립 이후 특권에 반대하고 공정한 사회를 요구했다가 반우파 투쟁에서 희생된 학생들, 문화대혁명 이후 정치 현대화를 요구했던 민주의 벽 운동, 1989년의 톈안먼 시위를 거쳐 노동운동과 인권운동으로 이어져왔다.

'709 대체포'의 피해자였던 인권변호사 셰옌이謝燕益는 7월 9

일《홍콩 프리 프레스》에 쓴 글에서 "전체주의적 지배자들은 그들이 가진 모든 자원을 시민들의 삶을 향상시키는 데 쓰기보다는 사회 통제에 쓴다. 그들은 통제 또는 안정 유지 시스템을 완벽하게 만들기 위해 첨단기술에 지치지 않고 투자한다. (…) 그런 전체주의 시스템 아래 살고 있는 개인으로서 나는 어떻게 그토록 강력한 통제에 저항할까?"라는 질문을 던진다. "우리 사회에서 충분히 많은 개인들이 강력한 신념을 지킬 수 있다면 우리의 국가를 변화시킬 수 있다"고, 그는 아직 희망을 붙들고 있다.

선멍위

沈夢雨

'중국은 과연 사회주의인가?'

〚《 공산당에 체포된 좌파 대학생들 》〛

2015년 6월 선멍위는 중국 남부 광둥성 광저우의 명문 중산대학
에서 수학·컴퓨터 전공으로 석사학위를 받았다. 최첨단 정보통신
기업에 취직해 화려한 생활을 하기에 충분한 스펙이었다. 그가 선
택한 길은 공장 노동자였다. 선멍위는 "순간의 흥미 때문이 아닌,
내 삶의 여정에 깊이 뿌리를 둔 선택"이라고 했다.

그는 대학에서 동아리 활동에 참여하면서 노동자들의 현실
에 눈을 뜨게 되었다. 어느 날 그가 농민공들의 현실에 대한 강좌
를 듣는데, 한 학생이 물었다. "선생님, 우리 대학생들도 기득권자
라고 할 수 있나요?" '기득권자'라는 말이 그는 너무나 아팠다. 여

유 있는 집에서 태어나 의식주 걱정 없이 자라나 좋은 교육을 받고 미래가 창창한 자신과 너무나 다른 처지의 젊은이들, '세계의 공장'으로 불리는 중국 동남부 공업 지대에서 청춘을 바쳐 중노동을 하지만 아무것도 가진 것 없는 2억 9000만 농민공들의 처지를 그는 떠올렸다.

그는 노동법을 공부하기 시작했고 공단, 농민공 거주 지역, 공사현장 등을 다니며 노동자들의 현실을 알아갔다. "산재로 고통받는 노동자들을 보았다. 장애를 입은 그들의 몸은 경제발전의 대가였다. 공장에서 투신한 폭스콘 노동자들을 보았다. 진폐증이라는 직업병도 알게 되었다. 너무 고통스러운 병이라 그 병에 걸린 노동자들은 차라리 죽고 싶어 했다. 나는 그밖에도 벤젠 중독, 백혈병, 청력 상실 등에 대해서도 알게 되었다."

2014년 여름 광저우 대학가에서 일어난 청소 노동자들의 파업은 그에게 큰 영향을 주었다. 관리 회사가 임금과 복지비를 떼어가고 사회보험을 체납하는 등 부당한 행위를 해온 것을 노동자들이 고발했지만 담당 공무원들은 아무런 관심도 보이지 않았다. 선명위를 비롯한 학생들이 20여 일간 노동자들과 함께 싸운 끝에, 관리 회사로부터 노동자들의 요구를 수용하겠다는 약속을 받아냈다. "앞으로도 계속 노동자들과 함께 빼앗긴 존엄과 권리를 되찾아야겠다"고 그는 다짐했다.

대학원을 졸업한 선명위는 광저우의 자동차 부품 회사인 르

홍기계전자 공장에서 엔진과 변속기를 생산하는 노동자가 되었다. "간단한 훈련을 받고 처음 작업장에 들어갔을 때 기계의 굉음이 고막을 찌르고 기름 냄새가 훅 끼쳤다. 작업장에는 금속 먼지가 가득했다. 나는 벤젠 등 화학물질의 위험을 알리는 표시에 가슴이 철렁했지만, 다른 노동자들은 얇은 일회용 마스크를 쓰거나 그것조차 쓰지 않은 사람도 있었다."

그는 이렇게 열악한 환경에서 일하는 노동자들이 비염, 기관지염, 난청, 백혈구 감소 등 온갖 질병을 앓고 있음을 알게 되었다. 노동자들에게 선택의 권리란 "임금이 너무 낮아 주말에도 휴일근무를 선택할 수밖에 없고, 산재를 신청하면 보너스가 깎이기 때문에 산재 신청 포기를 선택할 수밖에 없고, 관리자의 학대와 욕설에도 묵묵히 참는 것을 선택할 수밖에 없는 것"임을 깨달았다.

2018년 3월 말 동료 노동자들은 선멍위를 임금 협상에 나설 대표로 선출했다. 선멍위가 설문조사로 노동자들의 의견을 모으는 등 적극적인 활동에 나서자 회사 간부들은 그를 위협하고 협박한 끝에 해고했다.

이 무렵 광둥성 선전의 기계 제조 회사인 자스커지(佳士科技·Jasic)에서 노동자들이 독립노조 설립에 나섰다. 휴일 없는 매일 12시간 노동, 식사시간 이외 휴식 금지, 벌금과 초과근무 강요 등 억압적 노무 관리에 불만을 느낀 노동자들이 독립노조를 결성하려 했다. 사 측은 선수를 쳐서 어용노조를 설립했다. 이에 항의

선명위가 2018년 여름 자스커지 공장 노동자들의
노조 설립을 지원하는 활동을 하면서 찍은 사진,
셔츠에는 "단결이 힘이다"라고 쓰여 있다.
(사진=웨이보 갈무리)

자스커지 파업에 참여했던 노동자들과 학생들.(사진=자스커지지원단 누리집)

하는 노동자들이 급하게 1000여 명의 직원 가운데 89명의 서명을
받아 당국이 관할하는 중화총공회 지역사무소에 노조 설립 신고
서를 냈지만 거부당했다. 독립노조 설립을 주도한 노동자 10여 명
은 해고되고 체포되었다.

7월 말 선명위는 전국 각지의 좌파 대학생들과 '자스커지 노
동자 지원단'을 구성했다. 선명위와 50여 명의 대학생은 경찰서와
자스커지 공장 앞에서 항의 시위를 벌이고 노동자들의 상황을 알
리는 글과 사진 등을 소셜미디어에 올려, 전국적인 관심과 호응을
얻었다.

이들의 작은 날갯짓은 무자비한 탄압에 짓밟혔다. 8월 11일
선명위는 정체불명의 남성들에게 끌려갔다. 8월 24일 새벽 무장
경찰이 숙소에 들이닥쳐 베이징대 학생 웨신을 비롯한 대학생들
과 자스커지 노동자 50여 명을 한꺼번에 체포했다.

이를 시작으로, 당국은 2018년 말부터 2019년 초까지 중국
각지에서 좌파 학생 조직과 노동운동 조직에 대한 뿌리 뽑기에 나
섰다. 2018년 11월 자스커지 지원 활동에 나섰던 학생들과 관련
된 베이징대, 인민대, 난징대 등 전국 주요 대학에서 마르크스주
의 학습 조직들의 등록이 금지되었다. 당국은 마르크스주의 학
회 학생들을 불러, 선명위, 웨신 등 체포된 학생 10명이 강제로 죄
를 자백하는 동영상을 보여주면서 노동자들과 관련된 어떤 행동
에도 참가하지 말라고 위협했다. 체포된 동창생 웨신의 석방을 요

구하던 베이징대 학생 수십 명도 체포되었다. 2019년에는 광둥성의 대표적인 노동 관련 엔지오 활동가들, 노동자들의 소식을 알리는 독립언론을 운영하던 이들이 잇따라 체포되어 국가 정권 전복, 사회 소란 등의 혐의로 징역형을 선고받았다. 선명위와 웨신 등은 여전히 행방을 알 수 없다.

◤ 노학연대라는 불씨 ◢

고작 50여 명의 대학생이, 노조를 결성하려다 해고된 노동자들을 지원한 '작은 사건'에 왜 당국은 이토록 무자비한 탄압을 벌였을까?

2001년 세계무역기구 가입 이후 중국 수출산업이 급성장하면서 전국 각지에서 농촌 출신 노동자들이 동·남부 연해 지역의 공장으로 모여들었다. 호적에 '농민'으로 분류된 이들은 도시에서 저임금 장시간 노동을 견디고 주거, 자녀 교육, 복지, 의료 등에서 차별을 받으며 '2등 시민'으로 살아간다. 이들 2억 9000만 농민공들의 희생으로 중국이 벌어들인 엄청난 무역흑자는 공산당, 국유기업, 권력층과 연결된 기업가들에게 큰 부를 가져다주었지만, 농민·농민공들은 성장의 정당한 몫을 받지 못했다.

2010년대 들어 더 나은 처우와 독립노조 설립 등을 요구하는 젊은 노동자들의 시위와 저항이 확산되기 시작했다. 2010년 남부 광둥성의 혼다자동차 부품 공장에서 신세대 농민공들이 대규모 파업을 하면서 에스엔에스를 활용해 자신들의 대의를 널리 알렸고 결국 회사와 협상을 통해 자신들의 요구를 관철시킨 것은 중국 노동운동사의 중요한 사건이 되었다.

이 무렵 중국 남부에서 홍콩 시민 단체 등의 지원을 받아 노동운동 조직들이 빠르게 성장했다. 한편에서는 중국의 심각한 빈부격차와 부패 등 사회문제에 관심을 가진 대학생들이 마르크스 학회에서 마오쩌둥 사상의 영향을 받으며 노동자들과 연대하는 조직들을 만들어나가기 시작했다.

중국공산당의 역사를 돌아보면, 엘리트들이 농민과 손을 잡았을 때, 한 알의 불씨가 광야를 불사르듯 혁명의 불길을 일으켰다. 1989년 톈안먼 시위의 한계는 학생들이 노동자, 농민과 제대로 연대하지 못한 것이었다. 자스커지 사건은 마르크스주의와 마오쩌둥 사상에 따라 중국 사회를 바꾸려던 대학생들과 노동자들이 처음으로 '노학연대'를 이루고 함께 행동에 나섰다는 점에서 중국공산당에게는 매우 민감한 경고음이 되었을 것이다. 그해 봄 시작된 미-중 무역전쟁으로 당국이 느낀 위기감도 강경 탄압의 원인으로 보인다.

◀《 어느 쪽이 진짜인가 》▶

좌파 학생들이 노동자들과 연대에 나선 배경에는 지금의 중국을 사회주의로 볼 수 있는가를 둘러싼 논쟁이 있었다. 개혁개방 이후 중국의 상황을 중국공산당은 중국 특색의 사회주의로 규정했지만, 그 현실이 과연 사회주의인가, 포장만 다른 자본주의인가의 논쟁은 오랫동안 이어져왔다.

1990년대 초 공산당 내의 좌파가 덩샤오핑이 추진하던 시장화 개혁에 반대해 제기한 '사회주의냐 자본주의냐'(姓社姓資) 논쟁이 있었다. 국유기업 노동자들이 대규모로 정리해고를 당하던 1990년대에 신좌파들은 중국이 신자유주의를 수용해 불평등이 급격하게 확대되고 있다고 비판했지만, 이들은 이후 후진타오 정부가 농업세 폐지 등으로 불평등을 완화하려는 정책을 추진하고 2008년 글로벌 금융위기에서 서구식 모델에 대한 불신이 커지자, 중국 국가의 역할을 긍정하는 중국 모델론으로 급속히 기울었다. 중국 대륙을 비롯해 전 세계적으로 중국이 몰락하는 서구식 신자유주의와 제국주의에 맞서는 새로운 보루가 될 것이라는 기대가 확산되기도 했다.

시진핑 정부 들어 중국공산당이 노동운동을 강하게 탄압하자, 2016년 좌파들의 온라인 사이트에서 다시 논쟁이 시작되었다. 루디盧荻(Dic Lo) 인민대 교수 등은 중국이 금융화를 억제하고 국유경제를 바탕으로 인민의 복지를 향상시켜 신자유주의에 일정하게 맞서고 있으므로 진보적 변화의 축으로 평가해야 한다고 주장했다. 반면 푼웅아이潘毅 홍콩대 교수 등은 중국이 이미 신자유주의적 세계 체계에 완전히 동화된 자본주의 국가가 되었고 노동을 탄압하고 있으므로, 노동자들과 연대해 중국의 현 체제를 타도의 대상으로 삼아야 한다고 주장했다.

자스커지 노동자들을 지원한 좌파 대학생들은 푼웅아이 교수의 영향을 강하게 받은 것으로 알려져 있다. 하남석 서울시립대 교수는 "자스커지 노동자들과 연대한 학생들은 '사회주의 국가인 중국이 왜 그 체제의 주인인 노동자들의 권리를 보장하지 않고 도리어 자본가의 편을 드느냐'는 질문을 던지고, 이 현실을 바로잡기 위한 행동에 나선 것"이라며 "공산당 통치와 사회주의 체제를 부정하는 것이 아니라, 직접 노동자들을 조직해 혁명의 이상에서 멀어진 체제를 바로잡는 것을 목표로 삼았다"고 설명한다.

하지만 자스커지 운동은 처절하게 패배했다. 이들의 활동을 실마리 삼아, 당국은 온갖 어려움을 뚫고 성장해온 노동운동과 학생운동의 주요 인물과 조직들을 궤멸시켰다. 노동자들과 학생들의 이상주의와 희생정신에도 불구하고, 이들이 섣부른 전략으로 너무 큰 희생을 초래했다는 논란이 벌어졌다. 이들이 마오주의 노선을 내세웠기 때문에 자유주의 세력과 연대할 수 없다는 비판도 나왔다. 이런 논란에 대해, 학생들을 이끈 것으로 알려진 푼웅아이 홍콩대학 교수는 "자스커지 운동은 100년 전 5·4운동 이후 노동자와 학생들이 연대한 최초의 운동"이라고 옹호했다. 자스커지 사건 2주년을 맞아 2020년 8월 좌파 웹사이트 '궁차오'(gongchao.org)에 발표한 글에서 푼 교수는 "90허우-90後(90년대 이후 태어난 신세대) 학생들이 좌익 정치이념을 가지고 엘리트 교육이 부여한 특권을 결연하게 포기한 채 공장에 들어가 생산라인의 노동자가 되는 길을 선택했다"며 "이는 중국공산당 초기 지도자들의 급진 좌익운동의 전통을 소환한 것"이라고 했다.

중국공산당은 "시진핑 사상은 현대 중국의 마르크스주의이며, 21세기 마르크스주의의 새로운 발전"이라고 강조한다. 2020년 가을부터 베이징대, 칭화대 등 중국 37개 주요 대학은 시진핑 사상 강의를 시작했다. 시진핑 사상을 21세기 마르크스 사상으로 떠받드는 중국공산당이 불평등에 맞서 노동자들을 지원하려는 좌파 학생들을 탄압하는 현실은 기묘한 질문을 던진다. 시진핑 지도부가 든 마르크스주의 깃발과 대학생·노동자들이 든 마르크스주의 깃발 가운데 어느 쪽이 진짜인가.

※선명위의 글 〈후회 없는 선택〉(2018), 중국노동통신(CLB), 궁차오工潮 등의 자료를 바탕으로 씀.

21세기 중국의
취안타이이_{全泰壹}들

《 굴레 하나 》

2019년 10월의 어느 날, 전동 자전거 핸들을 쥔 주다허의 손에 식은땀이 흘렀다. 그는 중국의 양대 음식배달 플랫폼 기업 얼러머餓了麽의 배달원이다. 이날부터 2킬로미터 배송 시간이 32분에서 30분으로 또다시 줄었다는 통보를 받았다. 식당에서 음식 준비 시간이 길어져 배달이 늦어도 어김없이 무거운 벌금이 매겨진다.

한국에 배달의민족과 요기요가 있다면, 중국에는 메이퇀美團과 얼러머가 있다. 2020년 9월 중국 월간지 《인물》은 이 두 배달 플랫폼의 배달 노동자들의 노동 현실을 6개월 동안 생생하게 취재한 르포를 실었다. "배달 노동자들, 시스템 안에 갇히다"라는 제목으로, 플랫폼 업체들의 교묘한 노동 착취 속에서 방황하는 청년 노동자들의 목소리를 전했다.

중국 최대 음식배달 앱 메이퇀의 베이징 내 배달 시간은 2016년에는 3킬로미터에 한 시간이던 것이 2018년에는 38분으로, 2019년에는 28분으로 줄었다. 2016년부터 치열한 경쟁을 벌이고 있는 메이퇀과 얼러머는 각각 초뇌超腦와 방주方舟라는 이름의 인공지능 알고리즘으로 라이더들에게 배달 일감을 배분하고, 배송 경로와 시간을 지시한다. 라이더들이 정해진 시간을 초과하면 평점이 떨어지고 벌금을 물어야 하며 해고될 수도 있다. 라이더들은 컴퓨터 시스템이 지시한 배달 시간을 맞추기 위해 교통신호를 어기고 역주행을 하며 목숨을 내놓고 달린다. 2017년 상반기 상하이에서는 2.5일마다 한 명씩 배달 노동자가 교통사고로 숨졌고, 2018년 청두 교통경찰의 조사에서는 7개월 동안 배달 노동자의 교통 법규 위반은 약 1만 건, 사고는 196건, 사상은 155명이었다.

《인물》이 취재한 라이더 수십 명은 교통 법규를 위반하지 않는다면 배달 건수가 절반으로 줄어들 것이라며, "배달은 저승사자와의 경주"라고 말한다. 웨이라이라는 라이더는 사거리에서 신호등을 기다리다가, 서둘러 출발하던 동료 노동자가 차와 부딪혀 오토바이와 함께 공중으로 떠올랐다가 떨어지는 장면을 목격했다. 동료가 피를 흘리며 쓰러져 있는 것을 보고도 웨이라이는 멈출 수 없었다. 손에 든 음식의 배달 시간이 늦었고 새로운 주문도 들어왔기 때문이다.

후난성의 배달 노동자 겅즈는 어느 폭우가 내리던 날, 주문이 끝없이 밀려들어 한꺼번에 10여 개씩 배송을 했다. 배달 상자에 다 넣을 수도 없어서 오토바이 여기저기에 매달고 달렸는데 길이 너무 미끄러워서 몇 번을 넘어졌지만 그때마다 재빨리 일어나 계속 달렸다. 새벽 2시 반이 되어서야 배달을 마칠 수 있었다. 그달 그가 받은 월급은 평소보다 훨씬 적었다. 폭우가 내리던 날의 배달이 모두 시간 초과로 기록되어 벌점으로 월급이 오히려 크게 깎였다.

2017년부터 플랫폼 노동 문제를 연구해온 중국사회과학원 쑨펑 연구원은 "배달 노동자들은 불이익 위협 때문에 어떻게 해서든 시스템의 요구를 맞추려 애쓰고 그 정보가 시스템으로 전송되어 빅데이터로 저장되면, 알고리즘은 모두 이렇게 빨리 배달할 수 있다는 결론을 내리고 또다시 배달 속도를 높이게 된다"고 분석한다. 배달 노동자들이 목숨을 걸고 배달 시간을 맞추면 인공지능 시스템은 시간을 또다시 단축해버리는 악순환이다. 중국에서 1000만 명 가까운 배달 노동자들이 알고리즘 시스템의 통제 속에서 하루하루 목숨을 걸고 거리를 달린다.

업체들은 청년들을 향해 '자유롭고 임금도 높은 일자리'라 광고한다. 불경기와 코로나19로 공장과 식당 등에서 실직한 노동자들, 대학 졸업 뒤 일자리를 찾지 못하는 이들도 배달 노동에 뛰어들고 있다. 메이퇀은 2020년 상반기 기준으로 석사학위 소지자 6만여 명, 대졸자 17만 명 이상이 이 회사의 배달 노동자로 일하고 있다고 밝혔다. 노동자들이 몰리면서 배송비는 더 낮아졌고, 같은 금액을 벌려면 더 많은 배달을 할 수밖에 없기에, 노동자들의 사고 위험은 더욱 커졌다. 회사들은 배송비가 알고리즘에 의해 결정된다고 주장하지만, 알고리즘은 언제나 배달 노동자에게 불리하고 알고리즘이 어떻게 작동하는지에 대해 노동자는 아무런 발언권이 없다.

이런 구조에서는 회사의 이익이 급증할 수밖에 없다. 중국 내음식배달의 약 65퍼센트를 차지하는 메이퇀의 2019년 3분기 주문은 25억 건인데 주문 한 건당 이윤은 2018년 동기에 비해 0.04위안 늘었고, 비용은 0.12위안 줄었다. 2020년 2분기 메이퇀의 수익은 22억 위안(3736억 원)으로 전년도 같은 기간에 비해 95.5퍼센트 증가했다.

《 굴레 둘 》

낯설지 않은 이야기다. 21세기 중국 청년들은 한국의 청년들과 나란히 인공지능 알고리즘의 통제 속에 갇힌 동지다. 중국에서도 언젠가 1980년대 한국과 같은 노동운동이 일어나 불평등한 현실을 바꾸게 될 것이라는 전망은 어느덧 낡아버렸다. 많은 기업들이 동남아 국가 등으로 이전하면서 제조업 일자리는 줄고, 음식배달, 택배 등 플랫폼으로 통제되는 노동이나 일용직으로 일하는 건설업·서비스업 중심으로 일자리 구조가 바뀌고 있다. 윤종석 서울대 아시아연구소 인문한국 연구교수는 "80년대 한국의 대규모 노동운동은 산업 고도화와 대공장화, 중산층 확대를 기반으로 일어났고, 국제적 환경도 노동자들에게 유리했다"며 "지금 중국 노동자들은 플랫폼을 기반으로 한 불안정 노동이 확대되고, 당·국가의 강력한 탄압 등 매우 복잡하고 힘든 상황에 처해 있다"고 말한다. 중국 청년들은 도시의 복지 시스템에서 소외된 '농민공'이란 차별의 굴레를 벗기도 전에, 첨단기술의 통제와 국가의 강력한 감시라는 이중·삼중의 굴레에 매였다.

2008년 글로벌 금융위기 이후 2010년 무렵까지는 중국 노동운동의 희망이 확산되었던 시기였다. 파업의 물결이 광둥성과 상하이 등 연해 지역 곳곳을 뒤덮고 노동계약법이 도입되어 임금이 인상되고, 노동 연령층의 인구가 줄어들기 시작하면서 노동자들의 발언권이 강해졌다. 사람을 기계처럼 부리는 관리 체제와 노동 환경을 개선하고 임금을 인상하라는 요구가 봇물 터지듯 쏟아졌다. 2010년 애플 아이폰을 비롯한 글로벌 기업들의 첨단 전자제품을 조립 생산하는 중국 폭스콘 공장에서 10대와 20대 초반 노동자 18명이 잇따라 고층건물에서 몸을 던졌다. 연쇄 자살의 비극을 통해, 이들은 일주일에 6~7일, 하루 12시간 넘게 로봇처럼 같은 동작을 수없이 반복하며, 모든 일상을 통제당하는 고통을 세상에 폭로했다. 농민공들은 현실의 모순을 명확히 자각하고 더 나은 현실을 꿈꾸며 노동운동에서 희망을 찾았고, 《전태일 평전》과 《한국 노동계급의 형성》 등을 읽으며 '취안타이이'(전태일의 중국 발음)가 준 희망의 불씨를 마음에 품었다.

시진핑 정부는 노동자들의 각성과 권리 의식 성장을 사회불안 요소로 판단했다. 독립적이고 비판적인 운동가들을 대대적으로 체포했고, 2016년 자선법, 2017년 해외비정부조직관리법을 시행해 시민 단체들이 정부 승인 없이는 모금을 할 수 없고 홍콩이나 외국의 지원도 받을 수 없게 했다. 국가에 의존할 수밖에 없게 된 많은 노동운동가들은 국가가 원하는 형태의 사회복지 서비스를 노동자들에게 제공하는 역할로 변모해야 했다. 국가가 허용하는 만큼 지원을 받아 활동하고, 노동자가 변화의 주체가 될 생각은 하지 말라는 '당근과 채찍'이다.

중국의 노동운동은 암흑시대를 맞았고 많은 노동운동가들은 체포되거나 지하로 숨어들었다. 판이라는 성만 밝힌 한 노동운동가는 2020년 9월 좌파 사이트 궁차오가 마련한 온라인 세미나에서 "노동자 조직화를 포기한 것은 아니지만, 계속되는 당국의 괴롭힘과 체포, 억압 때문에 활동이 매우 어렵다. 노동운동에 참여하려는 조직가, 운동가를 찾기가 매우 어려운 상황"이라고 말했다.

로봇도 노동자들의 경쟁자로 등장했다. 중국 정부는 2014

년께부터 단순 노동에는 산업용 로봇을 도입하는 자동화 캠페인을 적극 추진했다. 광둥성 둥관시 정부는 2018년 한 해 동안 3억 8500만 위안을 산업용 로봇 도입 등 자동화에 투자했고, 2014~2019년 9만 1000대의 로봇을 설치해 28만 명의 노동력을 줄였다고 밝혔다. 2019년 전 세계 산업용 로봇 판매액은 165억 달러였는데 그 가운데 54억 달러어치가 중국에 판매되었다.

《 "막막하고 아득하다" 》

중국 신세대 노동자들은 컨베이어벨트 앞에서 기계처럼 판에 박힌 노동을 하는 것을 원치 않는다. 대규모 제조업 공장에서 하루 12~14시간씩 노동하던 1세대 농민공들의 자녀들인 지금의 신세대 농민공들은 좀더 자유롭고, 보람과 성장이 있는 일자리를 갈망한다. 1995년 이후 출생한 10대 후반부터 20대 초반의 농민공들은 부모 세대에 비해 더 나은 교육을 받았고, 권리 의식도 분명하다. 하지만 농민공들의 노동으로 건설되고 발전한 중국의 대도시는 이들에게 동등한 시민권과 임금, 복지를 허용하지 않는다. 중국 노동현장을 연구해온 조문영 연세대 교수는 "도시의 노동자로 정당한 대우를 받고자 하는 젊은 농민공들에게 국가가 생계만 해결해주면 그만이라는 식으로, '너는 거기까지만 꿈꿀 수 있어'라고 규정해버리는 상황"이라며 "노동자들은 '전망이 없다', '막막하고 아득하다'(迷茫·미망)는 말을 가장 많이 한다"고 했다.

　노동은 한없이 불안정해지고 권리를 외칠 목소리마저 억압
당하는 사회에 절망으로 저항하는 이들도 있다. 광둥성 대도시 선
전의 싼허 인력 시장 주변에서 살아가는 '싼허청년三和靑年'들은 고
정된 주거지도 없이, 돈이 떨어지면 배달이나 건설 일용직으로 버
는 일당에 의지해 하루 벌어 3일 노는 삶을 살아간다. 이들 가운데
신분증도 팔아버리고 가족과의 연락도 끊고 노숙 생활을 하면서
자포자기한 채 시간을 보내는 이들은 '싼허다선三和大神'(싼허의 신)
으로 불린다.

　싼허청년들의 생활을 연구해《어찌 돌아가고 싶지 않겠는
가》(豈不懷歸)란 책을 펴낸 사회학자 톈펑은 중국 언론 인터뷰에서
"싼허청년들은 어려서부터 도시의 생활을 봐왔기 때문에 생활에
대한 기대도 높고 권리 의식도 강하고 불공평에 대해서도 더욱 민
감하다. 하지만 권리를 지킬 수단이 없기 때문에 새로운 항의 방
식, 즉 대도시에서 아무렇게나 끼니를 때우며 죽음을 기다리는 방
식을 선택했다"고 말했다. 그가 싼허청년들로부터 가장 많이 들
은 말은 "착취당하고 떼먹히고 차별당하기 싫어서 일하지 않는
다"였다. 이들은 자신의 삶을 포기하는 방식으로 '자신들을 버린
국가'에 저항하고 있다.

변화를 향한 분투는 힘겹지만 이어지고 있다. 특히 쉼 없이 유동하고 인터넷 사용에 능한 21세기 무산계급 청년들인 음식배달·택배 노동자들의 움직임에 많은 이들이 주목한다. 중국 최대 쇼핑의 날인 2020년 11월 11일 광군제를 앞두고 배달 노동자들의 파업과 항의 시위가 잇따랐다. 순펑, 윈다 등 대형 택배 회사들의 무리한 가격 경쟁은 소규모 하청 택배 회사들의 줄도산으로 이어졌고, 몇 달치씩 임금을 떼이게 된 노동자들이 항의에 나섰다. 중국의 휘황한 전자상거래를 떠받치는 모세혈관인 택배 노동자들의 한 건당 배달 수수료는 5~7마오(85~120원)까지 떨어졌다고,《중국신문주간》은 전한다.

2021년 1월 저장성 타이저우시에서 임금 문제로 항의하던 45세의 음식배달 노동자 류진이 몸에 휘발유를 뿌리고 분신을 시도했다. 그가 배달 스쿠터 옆에서 몸에 불을 붙인 것을 본 사람들이 다가가 소화기로 불을 끄려 하자 류진이 "내 피땀으로 번 돈을 돌려받고 싶다"고 소리치는 동영상이 웨이보에서 확산되었다. 이 동영상 아래에 어떤 이는 "1970년 한국 서울에서 취안타이이란 노동자가 '우리는 기계가 아니다'라고 외치며 몸에 불을 붙였다. 50년 뒤 중국에서도 같은 일이 일어났다"는 댓글을 쓰기도 했다.

2021년 2월 25일엔 음식배달 노동자 천궈장陳國江이 공안에

배달 노동자들의 네트워크를 만들었다가 2021년 2월 25일 체포된 천궈장이 '배달강호기사연맹 맹주'로 자신을 소개하며 올린 동영상.(사진=웨이보 갈무리)

붙잡혀갔다. 구이저우의 궁핍한 산골 마을에서 베이징으로 와 배달 노동자가 된 그는 2019년부터 노동자들이 겪는 어려움을 털어놓고 돕기 위한 네트워크를 만들었다. 노조를 만들 수 없는 배달 노동자들끼리 교통사고를 당할 때, 임금 체불 등 회사와의 분쟁이 생길 때, 저렴한 셋방과 오토바이를 구할 때 서로 도우며 자발적인 조직이 성장했다. 천귀장이 에스엔에스인 웨이신에 개설한 11개 단톡방에 1만 4000여 명의 배달 노동자가 모였다. '배달강호기사연맹外送江湖騎士聯盟' 맹주로 불린 천귀장이 노동자들의 고충을 알리며 사실상의 노조 지도자와 같은 역할을 하게 되자, 1000만 명 가까운 배달 노동자들의 독자적 조직화 가능성을 경계한 당국이 탄압에 나선 것으로 보인다. 공안은 그에게 '공중소란죄尋釁滋事罪'를 적용했지만, 구체적인 체포 이유는 공개하지 않고 있다.

미-중 신냉전과 코로나19 확산으로 세계 곳곳에서 반중의 격랑이 일자, 시진핑 지도부는 거대한 내수 시장에 기대 자력갱생으로 위기를 돌파하겠다는 쌍순환 전략을 마련했다. 2억 9000만 농민공들의 빈곤을 해결하지 않으면 '자력갱생을 지탱할 내수시장'은 신기루일 뿐이지만, 공정한 분배와 권리를 요구하는 이들의 목소리는 번번이 통제와 억압에 부서지고 있다. 21세기 중국의 전태일들은 오늘도 빨간불이 켜진 길에서 손에 땀을 쥐고 배달 자전거를 탄다.

장잔

張展

망각을 거부하라

《 증인 지우기 》

장잔은 2020년 2월 1일 충칭행 기차표를 산 뒤 도중에 후베이성 우한의 한커우역에서 몰래 내렸다. 우한에서는 2019년 말 '정체 불명의 폐렴'이 걷잡을 수 없이 확산되었다. 당국은 1월 하순까지도 바이러스가 우한 도시 전체로, 중국 각지로, 세계 곳곳으로 퍼져나가는 것을 전혀 막지 않았다. 전염병 전문가를 내세워 당국이 주장한 "사람 간에는 전염되지 않는다(人不傳人·인부전인). 막을 수 있고 통제 가능하다(可防可控·가방가공). 이 여덟 글자가 도시를 피와 눈물로 적셨다."(팡팡,《우한일기》)

　2020년 1월 19일 밤까지도 중국 관영 시시티브이 메인 뉴스인 〈신원롄보〉(新聞聯播)는 시진핑 국가주석이 운남성의 소수민족 거주지를 방문해 민속의상을 입은 주민들 사이에서 빈곤 퇴치와 중화민족의 위대한 부흥 성과를 과시하는 모습을 20분 넘게 상세하게 보도했을 뿐, 절규하는 우한의 상황은 언급조차 하지 않았다. 1월 20일 중국 당국은 처음으로 '신형 바이러스'에 대한 우려를 밝혔고, 사람 사이에 전염될 수 있음을 인정했다. 사태가 걷잡을 수 없이 악화되자, 예고 없이 1월 23일 오전 0시에 인구 1000만이 넘는 대도시 우한을 봉쇄했다.

관영 언론에 속하지 않은 시민기자인 장잔은 봉쇄된 도시의 진실을 찾아 잠입했다. 대학과 대학원에서 금융을 전공한 뒤 2010년 상하이로 와서 변호사가 된 장잔은 이후 인권운동에 참여하다가 변호사 자격증을 박탈당했다. 장잔은 인터넷에 중국공산당의 일당독재와 부패, 권력 남용을 비판하는 글을 썼다. 2019년 홍콩에서 송환법 반대 시위가 시작되자 홍콩의 소식을 전하는 글들을 올리고, 상하이 도심에서 '공산당 하야' 등의 글귀를 쓴 우산을 쓰고 홍콩 시위를 지지하는 1인 시위를 벌이다가 체포되어 2개월 동안 구금되었다. 석방된 뒤 그는 해외 언론과의 인터뷰에서 "나는 물러설 수 없었다. 이 국가가 후퇴하면 안 되기 때문이다. 이 일은 내가 혼자 감당할 수 있는 일이 아니다. 모두 함께 사회를 위해 목소리를 내기를 희망한다"고 했다.

2020년 1월 심각한 일이 아니라고 주장하던 당국이 돌연 우한을 봉쇄하자 중국 민심은 2003년 사스의 교훈을 무시하고 새로운 전염병 상황을 은폐하다 재앙을 확산시킨 당국에 대한 분노로 가득했다. 당국은 여론을 통제하면서 관영 언론을 통해 당국의 영웅적인 대응을 홍보하는 선전전에 돌입했다. 장잔은 위험을 무릅쓰고 몰래 우한에 들어가기로 결심했다. 5월 14일 장잔이 체포되어 거주지인 상하이로 압송될 때까지 그의 보도는 계속되었다.

체포 7개월여 뒤인 12월 28일 상하이 푸둥신구 인민법원은 장잔에게 사회소란죄 유죄 판결을 내리고 4년 형을 선고했다. 방청도 허용되지 않고 판결문도 공개되지 않았다. 장잔은 체포된 직후부터 거듭 단식투쟁으로 당국에 항의하며 유죄 인정을 거부했다. 간수들이 장잔의 팔을 묶고 억지로 관을 꽂아 음식을 강제로 주입하고 있으며, 그의 건강이 심각하게 악화되어 화장실에 갈 때도 부축을 받아야 하고 법정에도 휠체어를 타고 나왔다고, 장잔의 변호인이 전했다. 검찰은 기소장에서 장잔이 우한에서 유언비어를 날조해 유포했다면서 외국 언론들과 인터뷰한 것도 혐의로 거론했다.

장잔의 판결에 대해 유엔 인권최고대표실과 미국 국무부가 깊은 우려를 표하는 등 국제사회의 비판이 커졌다. 애국주의 선동에 앞장서곤 하는《환구시보》의 후시진胡錫進 편집장이 나섰다. "우한과 중국의 전염병과의 싸움은 거대한 성취를 이루었다. 장잔이 했다는 보도는 선동이며 그는 분명 외부 세력의 지지를 받고 있다. 법원에서 그에 대해 판결을 내릴 때 서방 여러 나라의 외교관들과 언론들이 여러 방식으로 성원했다. 그는 서방이 언론자유와 인권으로 중국을 공격하는 새로운 초점이 되었다.”

중국 당국은 2019년 12월 초부터 2020년 1월 말까지 우한의 코로나19 발생 초기에 심각성을 제대로 파악하지 않고 문제를 은폐하다가 중국을 넘어 세계를 절망과 비극에 빠뜨린 책임을 결코 인정하려 하지 않는다. 우한에 들어가 관영 언론들의 선전과는 다른 그곳의 현실을 전한 시민기자들은 중국이 지우려는 진실을 기록한 역사의 증인이기에, ‘지워져야 하는 존재’가 되었다.

◀《 “저는 우한에 있습니다” 》▶

장잔에 앞서 먼저 우한 취재에 나선 것은 천추스陳秋實였다. 1985년 생인 그는 대학에서 법학을 전공한 뒤 베이징으로 와서 텔레비전 프로그램 〈나는 연설가〉(我是演說家)에 출연해 유명해지기도 했다. 2015년 변호사 자격을 취득해 로펌에서 지적재산권과 노동법 관련 업무를 맡았다. 2019년에는 홍콩 시위를 직접 취재하려고 홍콩으로 가서 시민기자로 활동했다. 그는 공안국과 직장인 로펌의 연락을 받고 며칠 뒤 베이징으로 돌아가야 했고, 공안의 조사를 받은 뒤 그의 에스엔에스 계정들은 삭제되었다. 그는 굴하지 않고 10월 초 유튜브와 트위터 계정을 만들고 다시 보도를 시작했다.

시민기자 장잔이 2020년 2월 코로나19로 봉쇄된 우한의 상황을 취재해
유튜브 등을 통해 보도하던 모습.(사진=유튜브 갈무리)

2020년 1월 23일(또는 24일) 그는 우한에 도착해 시민들을 인터뷰하고 여러 병원들을 돌아다니며 취재를 시작했다. 1월 30일에는 입원실이 부족해 병원 복도에 많은 사람들이 누워 있는 병원들의 동영상을 올리면서 이렇게 말하기도 했다. "나는 무섭다. 내 앞에는 질병이 있고, 뒤에는 중국의 사법 권력이 있다. 하지만 내가 살아 있는 한, 나는 내가 본 것과 들은 것에 대해 이야기할 것이다. 죽는 것은 두렵지 않다. 내가 왜 당신들, 공산당을 두려워해야 하는가." 그는 2월 6일 실종되었다. 외부와 연락이 끊긴 채 가택연금 상태로 알려졌던 그는 600일 만인 2021년 9월 30일 한 유튜브 동영상에 잠시 등장했다. 그는 "많은 일을 겪었다. 어떤 것은 말할 수 있고, 어떤 것은 말할 수 없다. 당신들이 이해해줄 거라 믿는다"라고만 말했다.

우한에서 섬유 사업을 하던 팡빈方斌은 도시가 봉쇄되자 카카오톡과 비슷한 서비스인 위챗에 "전민자구全民自救"라는 제목의 채팅방을 만들어, 병원 바닥과 복도까지 넘쳐나는 환자들, 화장장으로 들어오는 주검 등을 취재해 올렸다. 2월 1일 한 병원을 취재하면서 그는 "신화통신,《인민일보》, 관영 시시티브이처럼 돈 많은 언론들은 왜 병원에 와서 진실을 보도하지 않는가. 당신들이 신경 쓰지 않는 보통 사람들만 죽어가고 있다"고 절규했다. 그는 "모든 시민은 저항하라, 권력을 인민에게 돌려달라"는 글을 읽는 동영상을 올린 뒤 2월 9일 체포된 것으로 알려졌다.

"네티즌 여러분 안녕하신가요? 저는 리저화李澤華입니다. 저는 우한에 있습니다."

2020년 2월 7일, 유튜브에 "복종하지 않는 텔레비전"(不服 TV)이라는 채널이 등장했다. 당시 25세의 리저화는 얼마 전까지 관영 시시티브이의 음식 프로그램 진행자였다. 우한 봉쇄 직후인 1월 말 그는 시시티브이에 사표를 내고 2월 초 봉쇄된 우한으로 몰래 들어갔다. 그는 의사 리원량이 코로나19의 진실을 알리다가 고초를 겪은 일, 시민기자 천추스의 보도 등을 보면서 우한에 오게 되었다고 유튜브 생중계에서 이야기했다. "우리가 이해하지 못하는 일이 너무 많다. 우리는 도대체 무슨 일이 일어났는지 이해해야만 한다. 이것이 내가 여기에 와 있는 이유다. 나는 내 눈과 귀로 소식을 얻고 스스로 판단하고 싶다."

그는 우한의 바이부팅 지역을 찾아가 시민들을 취재했다. 바이부팅은 코로나가 확산되는 가운데 "사람 간에 전염되지 않는다"는 당국의 발표를 믿고 2020년 1월 18일 4만여 명이 함께 음식을 나누어 먹는 잔치를 열었다가 폭발적 감염의 진원지로 지목되었던 곳이다. 이곳에서 얼마나 많은 이들이 감염되었는지 당국은 공개하지 않았다. 주민들은 그에게 "우리는 전혀 상황을 모른다. 몇 동 몇 호 사람이 열이 난다는 소문들이 들리는데 정부는 상황을 공개하지 않는다"며 모두들 두려움에 떨고 있다고 했다.

리저화는 우한시의 여러 화장장들이 밀려드는 시체를 화장하느라 매일 24시간 운영하는 현장도 보도했다. 중국 정부의 발표보다 실제 사망자가 훨씬 많을 것이란 정황을 보여준 것이다(당국이 집계한 우한의 코로나 사망자는 3869명이다).

그는 2월 26일 유튜브에 올린 동영상에서 우한의 P4바이러스연구소(중국과학원 우한국가생물안전실험실)를 취재하다가 국가기관에 쫓기고 있다고 다급하게 호소했다. 코로나19 바이러스의 발원지일 가능성이 거론되는 민감한 연구소를 직접 찾아간 것이다. 그는 "국가안전국 직원으로 보이는 사람한테 쫓기고 있다. 지금 빠르게 운전하고 있는데, 그들이 일정한 거리를 유지하며 따라온다. 도와달라"고 했다. 이날 밤 리저화는 유튜브 중계 화면을 켜놓고 스스로 '최후진술'을 한 뒤 누군가에게 끌려갔다. 그는 "나는 왜 시시티브이에 사표를 냈는가. 중국에서 더 많은 젊은이들이 일어서기를 바랐기 때문이다. 나는 봉기를 일으키려던 것도 아니고, 몇 마디 했다고 반당反黨도 아니다. 나는 이상주의가 그해 봄과 여름이 교차하던 시기에 이미 파멸했고(1989년 6월 4일 톈안먼 시위 유혈 진압을 말함), 조용히 앉아만 있어서는 어떤 역할도 할 수 없다는 것을 알고 있다"고 했다.

〖《 기억전쟁 》〗

장잔에 대한 가혹한 처벌, 그리고 다른 시민기자들의 침묵을 강요하는 실종에는 '중국이 공산당의 지도 아래 코로나와의 싸움에서 승리했다'는 공식 역사 이외의 다른 내용은 망각하게 하려는 중국 당국의 의도가 담겨 있다. 중국의 성공 스토리에 흠집이 나는 것을 막으려는 중국 당국과 중국의 초기 대응 실패로 전 세계가 겪는 고통을 상기하려는 외부 세계 사이에 기억전쟁이 벌어지고 있다.

2021년 1월, 중국 당국은 우한 봉쇄 1주년과 관련한 부정적 보도를 차단한 채, 정부의 방역 성공을 묘사하는 선전에 주력했다. 22일 밤에는 중국공산당의 영도 아래 정부와 의료진들이 우한에서 어떻게 영웅적으로 바이러스와 싸웠는지를 홍보하는 다큐멘터리 〈우한의 낮과 밤〉(武漢日夜)이 공개되었다. 하지만 나흘 뒤 영국 비비시가 방송한 다큐멘터리 〈56일〉(56 days)에서 우한중심병원의 한 의사는 "2020년 1월 10일이 되자 병원 이비인후과는 환자로 꽉 찼다"며, "모두들 사람 간 전염이 일어나고 있다는 것을 알았다. 바보라도 알았을 것이다. 그런데 왜 (당국은 사람 간 전염이) 없다고 했나? 우린 정말로 혼란스러웠고 화가 났다"고 말했다. 그는 당시 병원 측은 의사들이 이 사실을 외부에 말하지 못하게 했고, 마스크를 착용하는 것도 허락하지 않았다고 폭로했다.

이런 기억전쟁에서 당국은 리원량이란 이름에 특히 민감하다. 코로나19의 위험을 최초로 알렸다가 공안에 끌려갔던 우한중심병원의 의사 리원량은 코로나19에 감염되어 2020년 2월 7일 34세의 나이로 세상을 떠났다. 그는 병상에서 한 마지막 인터뷰에서 "건강한 사회에 하나의 목소리만 있어서는 안 된다"는 유언과 같은 말을 남겼다. 그가 숨진 뒤 중국 에스엔에스는 리원량의 억울한 죽음을 애도하는 슬픔에 찬 글들, 진실을 은폐하려다 재앙을 초래한 당국에 분노하는 외침으로 터질 듯했다. 중국어로 '휘파람 부는 사람'으로 표현되는 내부 고발자 리원량을 추모하기 위해 혁명가인 〈인터내셔널가〉를 휘파람으로 부는 동영상을 찍어 올리는 청년들의 운동이 벌어지기도 했다. 후베이성 정부는 여론의 압박에 밀려 리원량을 '코로나 방역 일선의 열사'로 지정했지만, 그의 1주기가 다가오자 리원량을 기억하려는 글들은 인터넷에서 삭제되고, 관영 언론에서 그의 이름은 금기어가 되었다.

중국 정부는 '우한이 코로나19 발원지가 아니며, 해외에서 발생한 바이러스가 유입되었다'는 주장을 계속 내놓고 있다. 2020년 자오리젠 외교부 대변인은 중국을 방문했던 미군 병사들이 코로나19를 퍼뜨렸을 가능성을 주장했다. 2021년 1월 왕이王毅 외교부장은 "우리는 서둘러서 처음으로 세계에 바이러스 상황을 보고한 국가다. 점점 더 많은 연구들이 세계의 많은 지역에서 각각의 바이러스에 의해 팬데믹이 일어났을 가능성을 보여주고 있다"고 말했다.

코로나19 바이러스가 어떻게 발생해 인간에게 감염되었는지를 조사하려는 세계보건기구 조사팀이 우한에 들어가기까지는 1년도 넘는 시간이 걸렸다. 중국은 조사팀의 비자 발급을 계속 미루었다. 2021년 1월 14일 조사팀은 마침내 우한에 도착했지만 첫 발원지로 알려진 화난수산물 시장은 이미 봉쇄된 채 많은 것들이 치워졌고, 중국 당국은 초기 환자들과 관련된 원자료를 내놓지 않았다. 조사팀의 조사 결과 중국이 2019년 12월 30일 세계보건기구에 코로나19를 처음 보고하기 이전 한 달 동안에만 우한 지역에 열세 가지 변이바이러스가 존재한 것으로 확인되었다. 이는 몇 달 전부터 광범위한 감염이 일어났음을 보여주는 증거다.

코로나19로 극심한 고통을 겪는 전 세계에서 중국에 대한 분노와 원망이 높아진 가운데, 중국은 '우리는 세계에서 코로나19를 가장 빨리 극복했다'는 성과를 과시하면서 초기 방역 실패의 교훈은 망각으로 밀어 넣으려 한다. 중국의 코로나 대응은 극과 극의 양면성을 가지고 있다. 발병 초기에 정보를 은폐해 사태를 악화시킨 것은 통제국가의 위험성을 보여준다. 하지만 우한 봉쇄 이후 강력한 국가 권력의 힘으로 효율적으로 상황을 통제한 것은 분명하다. 문제는 중국 당국이 초기 대응 실패의 책임을 회피하기 위해 진실을 지우려 하는 것이다. 이는 중국과 외부 세계가 소통할 수 있는 공간을 없애고, 중국 내에서 진실을 요구하는 이들을 억압한다.

우한에서 당국의 초기 은폐 때문에 코로나의 위험을 알지 못한 채 감염되어 제대로 치료받지 못하고 숨진 이들의 가족들 일부는 '코로나19 유가족 모임'을 만들고 당국의 책임을 묻기 위한 노력을 포기하지 않고 있다. 우한 토박이 장하이의 아버지는 2020년 1월 골절상을 입고 병원에 입원했다가 보름 만인 2월 1일 코로나19에 감염되어 숨졌다. 장하이는 코로나19 확산을 은폐한 우한시 정부를 고소하고 담당 관리들에 대한 조사를 촉구했지만 그의 소송은 기각되었다. 그는 2021년 1월 홍콩《사우스차이나모닝포스트》인터뷰에서 여러 사람들이 우한 당국의 코로나19 늑장 대응과 부실 대응에 분노해 소송을 제기하려고 했지만 그때마다 당국으로부터 침묵하라는 엄청난 압박을 받았다면서 당국에 수시로 불려가 조사를 받고 협박을 당했다고 말했다. 그는 "우리가 존재하지 않는 것처럼 굴지 말라"면서 "우리가 포기하지 않을 것임을 모두가 알게 할 것"이라고 했다.

중국 당국이 코로나19 확산 초기에 투명하게 정보를 공개하고 우한 시민들이 국내외로 이동하는 것을 제한했다면 세계는 지금 어떤 상황일까. 코로나19의 고통 속에서 우리가 중국에게 바란 것은 '우리가 처음에 조치를 취해서 이런 혼란을 막았어야 했는데 미안하다. 새로운 전염병이라서 대처에 미흡했다. 함께 진상을 규명하고, 극복을 위해 할 수 있는 일을 하겠다'라는 지극히 상식적인 사과이지 않을까.

❰❰ "당을 사랑하고 당을 보호하고 당을 위해 일하라" ❱❱

시진핑 시대 들어와 당의 영도와 애국주의가 강조될수록, 사회의 문제를 제대로 보도하려는 언론인들에게 침묵을 강요하는 당국의 압박과 탄압이 점점 강해졌다. 시진핑 집권 이전까지 중국에서는 독립언론이 조금씩 성장하고 있었다. 당국이 관영 언론의 보도를 통제해도 시민기자와 운동가들이 사회의 문제들을 취재해 웨이보 등을 통해 알렸다. 2008년 쓰촨성 원촨 대지진 당시 부실 공사로 지어진 학교 건물 때문에 어린아이들이 희생된 문제나 2011년 저장성 원저우에서 일어난 고속열차의 추돌·추락 사고에서 당국의 부실한 대응 등이 상세하게 보도되었다. 시진핑 시대 들어 중국 당국은 독립적인 언론인들의 목소리를 철저히 막았다. 시진핑 주석은 언론의 역할에 대해 "긍정적인 에너지를 확산시키면서 당을 사랑하고 당을 보호하고 당을 위해 일하는 것"이라고 말했다. 언론이 '당을 위한 도구'가 되어야 한다는 명령 앞에서 힘없는 이들의 고통과 사회의 문제를 알리려는 이들이 설 공간은 사라져 갔다. 2019년 10월부터 중국 정부는 자국 언론인들이 5년에 한번 기자증을 갱신할 때마다 '시진핑 사상'(시진핑 신시대 중국 특색 사회주의 사상) 시험을 의무적으로 치르고 통과해야만 갱신할 수 있게 했다. 당과 주석에 충성하는 것이 언론의 가장 중요한 요건이 되었다.

76일간 봉쇄된 우한에서 현지의 소식을 매일 인터넷에 올려 외부에 전한 작가 팡팡은 이 글들을 《우한일기》로 묶었지만 중국에서는 출판하지 못하고 해외에서만 책을 낼 수 있었다. 그는 중국의 치부를 알렸다는 이유로 애국주의자들로부터 '조국의 배신자', '제국주의자들의 개'라는 비판과 위협에 시달렸다. 우한 봉쇄 1년 뒤 그는 홍콩《사우스차이나모닝포스트》와의 인터뷰에서 "책임져야 하는 이들 중 누구도 책임을 인정하거나 후회하거나 사과하는 것을 보지 못했다"면서, "사람들이 저마다 사실을 기록한다면 우리는 가능한 한, 진실에 가까이 다가갈 수 있다"고 했다.

특권계급의 등장을 비롯한 당내 문제를 비판한 지식인과 학생 등 55만여 명이 우파로 몰려 숙청된 반우파 투쟁(1957~1959), 수천만 명이 굶주림과 질병으로 숨진 대약진 운동(1958~1960), 문화대혁명(1966~1976)의 혼란, 톈안먼 시위 유혈 진압(1989) 등에 대해 중국 당국은 피해자들에게 사과한 적이 없다. 중국 내에서 이들 사건의 책임을 물을 수 없고 진상 규명도 진행되지 못한다. 대약진의 진실을 밝혀내려는 언론인들의 책은 금서가 되었고, 문화대혁명에 대해 당국의 평가와 다른 공개적 논의는 허용되지 않으며, 톈안먼은 '동란'이란 평가로 정리되었다. 코로나19의 진상 규명도 그렇게 또 하나의 금기어가 되어가고 있다. 중국은 세계를 향해 '코로나는 우리 책임이 아니고, 우리는 승리했다'는 서사를 강요하고 있다. 진실을 지우려는 권력에 도전한 시민기자들, 그리고 작가들은 자신들을 희생해 우리에게 외친다. '망각을 거부하라'고.

셴즈

弦子

황제에 맞서는 '언니의 힘'

▌《 "우리는 역사의 대답을 요구한다" 》▌

2020년 12월 2일 중국 베이징 하이덴구 인민법원. 매서운 추위 속에서 100여 명이 하루 종일 법정 앞을 지켰다. "우리는 당신과 함께 역사의 대답을 요구한다"는 글귀를 들고.

시나리오 작가 저우샤오쉬안이 관영 시시티브이의 유명 진행자인 주쥔朱軍에게 성추행을 당했다고 폭로한 뒤 2년 만인 이날 첫 재판이 열렸다. 주쥔은 중국인이라면 모르는 사람이 없는 유명 방송인이며, 매년 설 전날 7억 명 이상이 시청하는 특집 프로그램 〈춘제완후이〉(網絡春節晚會)를 19년 연속 진행한 방송계의 권력자다.

저우는 자신이 당한 일을 이렇게 회고한다. 2014년 대학 신방과 학생이던 저우는 베이징의 시시티브이 본사에서 인턴으로 일하면서 과제로 제출할 인터뷰를 하러 주쥔의 분장실로 갔다. 주쥔은 다른 사람들이 나간 뒤 저우의 몸을 강제로 더듬고 키스를 했다. 저우는 다음 날 바로 공안에 신고했다. 처음 신고를 받은 공안은 친절했지만, 다음 날 다시 경찰서에 가니 지위가 높아 보이는 공안들이 나와 주쥔의 사회적 역할을 거론하며 신고를 취하하라고 요구했다. 고향인 우한에 있는 부모에게 공안이 찾아가 얘기할 것이라며, 공무원인 부모의 상황을 생각하라고 압박도 했다. 얼마 뒤 부모는 이 일에 대해 이야기하지 않는다는 각서에 서명해야 했고, 딸에게 전화를 걸어와 다시는 공안에 가지 말라고 호소했다. 몇 년 동안 저우는 침묵을 지키면서 가까운 친구에게만 이 사건을 이야기할 수 있었다.

2018년 중국의 대학 캠퍼스에서 미투운동이 시작되었다. 교수들의 성희롱과 성폭력에 대한 고발들이 이어졌고, 20년 전 베이징대에서 교수에게 성폭행을 당한 뒤 자살한 여학생 가오옌의 사연을 알리면서 진상 규명과 가해 교수의 처벌을 요구하는 학생들의 운동도 벌어졌다. 이런 상황 속에서 그해 7월 저우는 어린 시절의 친구가 성추행을 당했던 사연을 올린 글을 보고 공감과 연대를 표하려고, 몇 년 동안 괴로워하면서도 공개하지 못했던 '그날'의 일을 밤새도록 썼다. "여성들이 입을 열고 자신이 겪은 일을 말하는 게 중요하다. 우리는 이런 학살이 존재한다는 것을 사회가 알도록 해야 한다." 그가 글을 에스엔에스 시나웨이보新浪微博에 올리자 상상하지 못했던 일이 벌어졌다.

글을 읽은 여성들이 자신의 경험을 올리기 시작했다. 전국 곳곳의 젊은 여성들이 숨 막히는 가부장 문화에서 겪은 일에 대해 수만 건의 메시지를 보내왔다. 그들은 성희롱과 성폭력 경험을 털어놓았다. 그중에는 권력층 남성들에게 당한 성폭력 사건도 많았다.

❰❰ 싸울 준비 ❱❱

이때부터 셴즈弦子라는 별명으로 불리는 저우는 중국 페미니즘의 상징적 목소리가 되었다. 그는 중국에서 미투운동과 페미니즘이 어디까지 나아갈 수 있는지를 보여주는 선구자가 되었다. 비난과 혐오·협박 메시지도 수없이 받았다. 그의 사건과 관련된 많은 글들이 검열로 삭제되었고 관영 언론들은 이 사건에 침묵을 지켰다. 2018년 8월 주쥔은 저우를 명예훼손 혐의로 고소하고 65만 위안(약 1억 1200만 원)의 손해배상을 요구했다. 주쥔의 변호사들은 저우에게 정신적 문제가 있다고 주장하기도 했다. 저우는 물러서지 않고 주쥔을 정식으로 법정에 고발하고 소송을 시작하면서 "싸울 준비를 합시다"라는 글을 에스엔에스에 올렸다. 저우는 웨이보의 "셴즈와 친구들" 계정을 통해 소송 과정의 일들을 기록하고, 성폭

중국중앙텔레비전(CCTV) 진행자 주쥔의 성추행을 폭로해 중국 미투운동의
상징이 된 저우샤오쉬안(셴쯔)이 2020년 12월 2일 첫 공판이 열린 베이징 하이뎬구
인민법원 밖에서 지지자들의 응원에 눈물을 흘리고 있다.(AP=연합뉴스)

력과 가정폭력을 비롯한 여성들의 현실을 알리고, 다른 피해 여성들을 지원하는 활동을 하고 있다. 저우는 중국 여성들이 성폭력과 성희롱에 대한 모호한 법 규정, 성폭력 피해를 당한 여성을 비난하는 문화 등 너무나 많은 장벽에 부딪히고 있다면서도 이런 상황이 변할 것이란 희망을 이야기한다.

긴 기다림 끝에 첫 재판이 시작되기 전날인 2020년 12월 1일 웨이보에 올린 글에서 저우는 "이 소송이 무슨 의미가 있느냐는 질문을 받는다면, 승리하면 다른 이들에게 용기를 줄 것이고, 지더라도 역사에 질문을 남기는 것이라고 답할 것이다. 내 소송이 함께 싸우고 침묵을 깼던 사람들을 모으고 기억되는 순간이 되었으면 좋겠다"고 했다. 첫 재판에 피고 주쥔은 출석을 거부했다. 심리는 비공개로 열 시간 넘게 진행되었다.

법정 밖에는 경찰들이 곳곳에 배치되어 외신 기자들을 쫓아내는 등 긴장감이 감돌았다. 하지만 비판적 목소리를 용납하지 않는 정치적 분위기에도 불구하고 100여 명 이상의 지지자들이 엄동설한 속에서도 쌀토끼 그림을 들고 한밤중까지 자리를 지켰다. 쌀(米·미)토끼(兎·토)는 중국어로 '미투운동'을 상징한다.

이날 재판에 대한 기사는 중국 관영 언론에서는 거의 보도되지 않았다. 하지만 저우를 지지하러 모인 이들이 현장의 상황을 전하며 온라인에 올린 글과 사진, 동영상은 검열에도 불구하고 '#셴즈가 주쥔의 성희롱을 고소한 재판이 오늘 시작되었다'(#弦子诉朱

軍性騷擾案今日開庭)는 해시태그를 달고 온라인의 뜨거운 뉴스가 되었다. 홍콩 언론《단전매》(端傳媒)는 이날 네티즌들이 중국 에스엔에스에 올렸으나 얼마 뒤 검열로 삭제된 글들을 삭제되기 전에 저장해 모아 보도했다. "여성들이 입을 열고 말하게 하라. 당신은 혼자 싸우고 있는 게 아닙니다. 천천만만의 사람들이 당신 뒤에 서 있습니다." "셴즈의 목소리는 많은 이들이 입을 열고 말할 수 있는 기회를 주었다. 이제, 이 소송이 이기고 지는 것은 중요하지 않다. 중요한 것은 이것이 많은 이들에게 입을 열고 말할 수 있는 기회를 주었다는 것이다." "셴즈와 나는 동갑이다. 나는 그와 더 많은 그들의 응원 아래에서 내 경험을 말할 수 있었다. 그는 내가 본 가장 용감하고, 가장 열정적인 사람이다. 결과가 무엇이든 우리에게는 이미 승리다." "이 파도처럼 전해지는 용기는 이미 많은 여성들이 자신의 경험을 말하게 했다. 셴즈 힘내, 너는 혼자 싸우는 게 아냐. 수많은 이들이 너의 뒤에 있어."

중국 언론 가운데 진보적이라는 평가를 받는《차이신》이 유일하게 인터넷판에 "주췬 성희롱안 재판 시작, 당시 중요 증거 제출 예정"이라는 제목으로 현장 보도기사를 내보냈지만 이마저도 몇 시간 뒤에 삭제되었다. 네티즌들은 이를 갈무리해놓고는 "중국 언론이 권력의 혀가 된 지 너무 오래되어, 독자적인 목소리를 잃어버렸다. 잠시 있다가 버튼 하나로 삭제되네", "얼마나 우스운가, 언론이 집단적으로 목소리를 잃었다"라고 중국 언론의 부자유를 조롱했다. "이날 밤, 수많은 개인들이 셴즈의 뒤에 서 있었다. 우리가 대항해야 하는 것은 주쥔만이 아니다. 더욱 대항해야 하는 것은 여론의 파도를 억압하기를 선택하고, 언론의 글을 삭제하는 거대한 힘(宏大力量·굉대력량)이다"라는 반응도 있었다고《단전매》는 전했다.

《 골리앗과 다윗 》

저우의 끈질긴 소송은 골리앗에 맞서는 다윗처럼 보인다. 주쥔은 중국 국가와 공산당의 이미지를 대표하는 존재다. 그는 정부와 공산당 고위층, 기업가들 사이에 막강한 인맥을 가지고 있다. 사건에 대해 계속 침묵하고 법정 출석도 거부했던 주쥔은 2020년 12월 22일 돌연 개인 웨이보 계정에 장문의 기사를 포워딩했다. 한 기자의 인터뷰에 응한 형식의 이 기사에서 그는 저우의 고발 내용은 "증거 하나 없는 일"이고 "나는 전혀 잘못한 일이 없다"고 주장했다. 이 기사는 아무런 검열도 없이 광범위하게 유포되었고, 웨이보 최고경영자 왕가오페이王高飞, 애국주의 성향의 평론가 멍츠 등 유력 인사들은 이 글을 자신의 웨이보에 올려 주쥔을 두둔했다.

무엇보다 중국공산당은 당의 이미지를 대변하는 주쥔의 이미지가 성추문으로 망가지는 것을 원치 않는다. 나아가 중국 당국은 미투에 대한 대중의 관심, 여성들의 열렬한 참여가 정치적으로 비판적인 색채를 띠게 될까 우려한다. 미투운동이 확산되면서 정부, 기업, 대학 등의 고위 당국자, 간부들의 부패와 성추문이 광범위하게 폭로될 가능성도 경계하는 것으로 보인다. 미투 관련 보도와 인터넷에서의 토론은 계속 검열을 당하고 삭제되곤 한다. 이런 압박 속에서도 저우가 포기하지 않는 것, 그리고 많은 여성들이 지지를 보내는 것은 중국에서 미투운동이 살아남았다는 것, 그리고 신세대 여성들의 의식이 변했다는 것을 보여준다.

저우는 소송을 시작할 때 '인격적 권리 침해' 조항을 근거로 해야 했다. 당시 중국 법체계에는 성희롱을 처벌하는 조항조차 없었기 때문이다. 중국 전국인민대표대회는 2020년 5월 최초로 성희롱에 대해 소송을 제기할 수 있도록 민법 개정안을 통과시켰다. 기업들이 성희롱 방지 대책을 세우고 책임을 지게 하는 조항을 넣었지만, 이를 어길 경우에도 명확한 처벌 조항은 없다. 법은 2021년부터 시행되기 시작했다. 많은 한계에도 불구하고 중국 여성들의 오랜 노력이 만들어낸 변화다.

'남녀 평등'은 중국공산당이 1921년 창당 시기부터 공식적으로 내건 구호였다. 봉건제의 속박에서 벗어나고자 했던 많은 여성들은 이 구호에 이끌려 혁명에 참여했다. 1949년 공산당의 승리 이후 헌법에는 남녀 평등이 명시되었고, '여성은 세상의 절반'이라는 마오쩌둥의 구호 아래 중국 여성들은 적어도 공적 영역에서의 평등은 성취한 듯 보였다. 하지만 1978년 시작된 시장화 개

중국 딜레마

혁 이후 돈의 힘이 커지면서 뿌리 깊은 가부장제와 성차별은 노골적으로 되살아났고, 고용과 임금, 퇴직 연령 등의 불평등, 일터에서의 성폭력도 심각해졌다. 특히 사회주의 시기에 국가가 도시 주민들에게 분배했던 주택을 1990년대에 개인 소유로 하는 과정에서 많은 주택이 부부 가운데 남편의 명의가 되었고, 남녀의 재산 격차가 급격히 커졌다. 법적 퇴직 연령도 남성은 60세, 여성은 50세(간부의 경우 55세)로 차별적이다. 사회주의 시기에 형식적 평등 아래 감추어졌던 봉건적 성차별 문화가 시장주의 문화 속에서 적나라한 형태로 되살아났다. 1990년대 이후 급격한 시장화가 진행되고 나서 국가복지 시스템은 대폭 축소되었고, 양육, 교육 등의 비용과 여성의 부담은 무거워졌다. 남아선호 사상에 따른 성감별, 낙태로 인해 2017년 여아 100명당 남아 비율은 111.9명이다.

2013년 시진핑 국가주석의 집권 이후 정치적 권위주의가 강화되면서 가부장적인 사회 분위기도 더욱 강해졌다고 여성운동가들은 말한다. 시 주석은 집권 초기에 시 아저씨 또는 아버지라는 의미의 '시다다習大大'로 불리며 '중국의 아버지' 이미지를 구축했다. 1978년부터 시행된 한자녀정책으로 노동인구가 감소하고 급격한 고령화가 진행되자, 2015년 말 한자녀정책을 폐지했다. 중국 당국은 전통적 가족이 안정적인 사회의 토대라는 관념을 대대적으로 선전하고 여성들의 출산을 장려하고 있다. 2016년 2월 17일 중국공산당 지도부가 신년인사를 나누는 춘제 단배회團拜會에서 시진핑 주석은 "가정을 중시하고 가정교육을 중시하고 가풍을 중시하라"고 연설했다.

젊은 여성들은 보수화되는 국가의 결혼과 출산 요구에 동의하지 않는다. 국가통계국 통계를 보면 연간 출생아 수는 두 자녀 출산이 허용된 2016년 1786만 명으로 잠시 늘었다가 2017년(1723만 명), 2018년(1523만 명), 2019년(1465만 명)에 계속 감소하고 있다. 여성들의 관심은 일상 속에서 평등한 권리를 요구하고, 경제적 능력과 자아 실현을 중시하며, 성차별, 성폭력 등을 적극적으로 고발하는 쪽으로 향하고 있다.

『'서구 사상에 오염된 서구 페미니즘'』

2012년 밸런타인데이에 당시 대학생이던 리마이즈 등 여성운동가들은 가짜 피를 묻힌 웨딩드레스를 입고 '사랑은 폭력의 핑계가 아니다' 등의 팻말을 든 채 베이징 한가운데에서 가정폭력에 항의하는 퍼포먼스를 벌였다.

세계 여성의 날을 앞둔 2015년 3월 6일과 7일에는 버스와 지하철에서 성희롱 예방 스티커를 나누어주는 캠페인을 준비하던 다섯 명의 중국 여성이 체포되었다. 리마이즈, 웨이팅팅, 정추란, 우룽룽, 왕만 등 페미니스트 활동가 다섯 명은 베이징의 공안국 심문실로 압송되었다. 공안은 이들이 '해외 불온 세력과 연결된 반체제 활동'을 했다고 몰아붙였다. 이들이 감옥에 갇혀 있는 동안 국내외에서 이들 '페미니스트 파이브'를 지지하고 연대하는 석방운동이 계속되었다. '#다섯 명을 석방하라(#FreetheFive)' 청원에는 전 세계 200만 명이 서명했다. 37일 만에 이들은 다시 세상으로 나왔다.

사회주의 여성의 주도적 역할을 추켜올렸던 중국 당국은 이제 미투운동과 페미니즘의 확산을 불편해하고 있다. 중국 당국은 이들을 '서구 사상에 오염된' '반중국적'인 반역자로 몰아세운다. 2017년 5월 공산당 기관지 《인민일보》 온라인판은 중화전국부녀연합회 부주석이 "서구 적대 세력들이 서구 페미니즘을 이용해 중국의 전통적 여성관과 국가의 성평등에 대한 기본 정책을 공격하고 있다"고 비판하는 성명을 보도했다. 중국공산당과 시진핑 주석에 대한 절대적 충성이 강조되는 중국 사회에서 '다른 목소리'를 내는 여성운동에 대한 당국의 탄압은 계속되고 있다. 여성들이 성추행을 고발하는 글, #MeToo 해시태그를 달아 올리는 글들은 검열 대상이다. 페미니스트들의 소셜미디어 계정들은 폐쇄되곤 한다.

하지만 사회운동을 억압하고 가부장적 가치를 강조하는 권력에 밀려 여성들이 침묵을 선택할 것 같지는 않다. 한자녀정책은 역설적으로 젊은 여성들이 오빠나 남동생에 밀리지 않고 제대로 교육을 받고 적극적으로 사회적 역할을 할 수 있는 환경을 만들었다. 여성 대졸자의 수는 남성 대졸자의 수를 넘어섰다. 젊은 여성들의 평등과 권리 의식은 높아졌지만, 사회의 변화는 더디기만 하다. 외동딸인 젊은 여성들은 20대 중반부터 가족들의 결혼 압박을 강하게 받고, 결혼 후에는 많은 여성들이 가정폭력으로 고통받는다. 베이징의 웨이핑여성권익기구는 2016~2019년 중국에서 5일마다 최소 세 명의 여성이 가정폭력으로 사망한다고 집계했다. 2016년 가정폭력방지법이 시행되었지만 여전히 많은 가정폭력 사건들이 제대로 신고되지 않고, 경찰도 가해자에 대한 처벌보다는 화해를 강요한다. 이런 현실에 대해 여성들은 더는 참지 않으며 가정폭력 등 가부장제의 부조리에 강하게 저항한다.

2020년 12월 가수 탄웨이웨이譚維維가 발표한 노래 〈샤오쥐안〉(小娟)은 격렬한 논쟁을 일으켰다. 노래의 가사는 대담하다. "우리 이름은 샤오쥐안이 아니라네, 가명은 우리 최후의 방어선, 신문 사회면을 뒤흔드는 얼굴을 흐리게 처리한 사진(…)/주먹으로, 휘발유로, 염산으로/머리를 밀어버리고, 성난 눈빛으로, 키보드로(…) 하수도에 흘려버리고 신혼방에서 강바닥으로 버려지지/여행가방에 넣어버리고, 베란다 냉장고에 얼려두고(…) 결국 당신들은 어떻게 기록되나/요망하고, 간사하고, 행실 나쁘고, 음란하고, 나쁜 년, 마녀, 노예, 멍청이, 바보, 백치, 질투, 시기, 의심 많은 여자/(…)내 이름을 지워버리고, 내 이름을 망각하고, 똑같은 비극이 또 벌어지고, 끝없이 계속되지, 내 몸을 가두고 혀를 잘라버리고, 소리 없이 흐르는 눈물이 비단에 스며들지…."

이 곡은 중국에서 최근 몇 년 동안 실제로 일어난 가정폭력 사건들을 담고 있다. 2020년 7월 항저우의 한 남성은 부인을 살해하고 시체를 잘게 절단해서 변기로 흘려 보낸 후에 경찰에 실종신고를 했다. 9월 티베트 여성 라무가 인터넷 생방송을 하는 도중 전 남편이 들어와 그의 몸에 휘발유를 뿌리고 불을 붙여 살해했다. 10월 쓰촨성에서 여성의 시체가 여행가방에서 발견되었다. 2016년 상하이에서 한 남성이 아내를 살해해 시체를 베란다의 냉장고에 3개월 동안 넣어두었다가 발각되었다.

이 노래는 여성(女·여)과 관련된 글자에 간사함(奸·간), 요망함(妖·요), 몸을 팔다(娼·표, 娼·창, 妓·기), 음탕하다(嫖·표), 간통하다(姘·병)처럼 부정적 의미를 담고 있는 중국의 뿌리 깊은 여혐문화도 정면으로 비판한다.

보수적 남성들의 비난과 여성들의 지지 속에서 탄웨이웨이는 웨이보에 이 노래는 "용기가 아니라 책임감"이라는 글을 올렸다. 이 노래의 작사가 인웨尹约는 1월《신주간》(新周刊) 인터뷰에서 이 곡을 쓰는 동안 차별받고 고통받는 여성들에게 빙의가 된 듯 몸이 몹시 아팠다며, "이런 고통이 진정으로 널리 알려지고 들려지고 인식되고 받아들여지고, 이 이슈가 공개적으로 토론될 때, 이 비극을 끝낼 가능성이 있다"고 말했다.

《 다른 목소리가 만드는 균열 》

페미니스트들은 중국 노동·인권운동의 주역이기도 하다. 여성운동가들은 대학 입시에서 여성들이 받는 차별을 고발하기도 하고, 여성 공중화장실을 늘릴 것을 요구하는 '남자 화장실을 점령하라' 시위에 나서기도 한다. 페미니스트들은 노동·인권운동에도 적극적으로 연대하고 있다. 2014년 광둥성 광저우대학 청소 노동자들의 파업에는 많은 여성운동가들이 함께했다. 2018년 베이징대 미투운동의 중심에 섰던 위에신은 그해 여름 광둥성 선전의 기계 제조 공장 자스커지에서 독립 노조를 세우려 했던 노동자들과 연대했다가 체포되었다. 중국을 취재해온 저널리스트이자 학자인 리타 훙 핀처는《빅브라더에 맞서는 중국 여성들》에서 중국의 페미니스트 활동가들이 공산당으로부터 독립된 네트워크를 형성했고 젊은 여성들 사이에 널리 퍼진 불만들에 귀를 기울이면서, 지금까지 중국의 어떤 사회운동도 가지지 못한 대중적 영향력을 갖고 있다고 강조한다.

페미니즘은 공산당 통치에 직접 도전하지 않는다. 미투에 나선 여성들은 반체제 인사가 아니다. 다만 젊은 여성들은 성희롱, 가정폭력, 고용과 입학 등에서의 성차별 등 일상의 부조리에 침묵하지 않고, 때로는 권력의 부조리에도 용감하게 도전한다.

최근 중국 당국이 노동운동, 여성운동, 인권운동 등 당국의 정책에 이견을 내고 변화를 만들어내려는 모든 시도에 대해 탄압, 감시, 통제를 전례 없이 강화하면서 거리에서의 과감한 여성운동은 이제 어려워졌다. 하지만 활동가들은 온라인과 일상 곳곳에서 여성들에 대한 폭력과 차별에 맞서려는 활동을 계속하고 있다. 부조리를 인식하고 항의하고 현실을 바꾸려는 여성들의 열망을 당국이 모두 지울 수는 없다. 여성들의 다른 목소리가 당장 중국의 현실을 바꾸지는 못하더라도 중화민족의 위대함을 내세워 모순과 고통을 은폐하는 애국주의와 집단주의의 만리장성에 균열을 내고 있다. 이들의 도전에서 변혁의 씨앗을 본다.

5부 영합과 저항

인치

印奇

디지털 법가 시대, 기술은 죄가 없을까

《 최고의 천재들, 최고의 감시기술 》

2012년 스물세 살의 대학원생 인치가 베이징 중관춘(중국판 실리콘밸리)에서 친구 둘과 함께 안면인식 인공지능 관련 스타트업인 메그비Megvii·曠視를 설립했다. 그는 칭화대학교에서 이공계 분야 최고 수재들만 모이는 컴퓨터과학실험반을 졸업하고, 전액 장학금을 받아 미국 컬럼비아대학 컴퓨터공학 석사 과정을 밟는 중이었다. '야오반姚班'이라고 불리는 칭화대 컴퓨터과학실험반은 세계적 컴퓨터공학자인 야오치즈姚期智 교수가 중국 과학기술 분야 최고 인재들을 길러내는 것으로 유명한데, 메그비의 공동 설립자인 인치와 탕원빈唐文斌, 양무楊沐는 모두 여기서 함께 공부한 동창

안면인식 인공지능 스타트업 메그비의
공동설립자이자 최고경영자인 인치.(사진=바이두)

생이다.

　대학 시절 이들 셋이 재미 삼아 개발한 안면인식 앱이 주목을 받자, 사업 기회를 발견한 이들이 창업에 나섰다. 이들이 내놓은 세계에서 가장 정확한 안면인식 알고리즘 '페이스++'는 '대박'을 터뜨렸다. 2016년 《MIT 테크놀로지 리뷰》의 10대 혁신기술에 선정되었고, 중국 최대 전자상거래 업체 알리바바가 이 기술을 이용해 안면인식 결제 시스템을 채택했다. 식사나 쇼핑을 마친 뒤 전자결제 시스템에 접속해 얼굴 셀카 사진을 찍으면 3초 안에 누구인지 인식해 연결된 계좌에서 자동으로 결제가 이루어진다. 국내외에서 투자가 밀려들었고, 중국은행, 폭스콘, 중국 각지의 지방정부, 공항 등에서 이들의 기술을 도입했다. 은행이나 회사, 공항, 기차역 등에서도 스쳐 지나가며 자동으로 신분을 확인한다. 중국 인터넷 금융기업의 85퍼센트 이상이 메그비의 안면인식 기술을 사용한다. 메그비는 4차 산업혁명이 싹트던 시대의 흐름을 타고 하늘로 날아올랐다.

　이 기술에 주목한 또 다른 주요 고객이 있었으니, 중국 공안 기구다. 시진핑 시대 중국은 파업, 토지 분쟁, 소수민족 저항 등 사회불안에 대응해 감시·통제를 전면 강화하는 정책을 추진했다. 중국공산당 중앙정치법률위원회(정법위원회) 주도로 도시에서는 '톈왕天網', 향촌지역에서는 '쉐량雪亮' 공정을 시작했다. 톈왕은 도시 말단의 행정단위인 사구社區를 좀더 작은 규모의 격자(網格·망격)로 나누어 각각 관리인을 배치하고 관할 지역의 모든 상황을 관리·감시하게 했다. "군중의 눈은 눈(雪·설)처럼 밝다(亮·량)"는 마오쩌둥의 말에서 따온 쉐량 역시 각 지역 주민들이 이웃을 철저히 감시하도록 한 것이다. 메그비의 페이스++ 안면인식 알고리즘은 톈왕과 쉐량 공정을 완벽하게 만들 화룡점정의 기술이었다. 2015년 공안부는 2020년까지 중국 전역에 완전한 영상 감시 네트워크를 구축하겠다고 발표했다. 이후 중국 구석구석에 수억 대의 감시카메라를 설치해 촬영한 인민들의 얼굴 정보를 실시간 분석해 공안이 표적으로 삼은 대상을 식별해내고 있다. 안면인식, 빅데이터, 인공지능의 딥러닝 기술이 결합되는데, 정확도는 상상을 초월한다. 2018년 장시성 난창에서 열린 콘서트에서 5만 명의 관중 가운데서 수배 중이던 남성을 곧바로 찾아내 검거했다. 어떤 사람이 계속 지하철역에 오는 경우 직원이 아니라면 도둑일 가능성이 있다는 식으로 시스템이 스스로 분석해서 이상 신호를 곧바로 공안에 전송한다. 공안부는 메그비의 안면인식 기술을 이용해 2016년 이후 5000명 이상의 범죄자를 체포했다고 밝혔다.

이 거대한 감시 시스템에는 메그비 외에도 센스타임商湯科技과 이투테크놀로지YITU Technology 같은 안면인식·인공지능 관련 민간 스타트업들, 음성인식 장비 기업인 아이플라이텍iFlytek · 科大訊飛, 세계 최대의 감시카메라 제조업체인 국유기업 하이크비전海康威視과 다화테크놀로지, 네트워크 기업 화웨이 등이 참여하고 있다.

이 기술이 가장 집약적으로 사용된 곳이 중국 북서부 신장웨이우얼자치구다. 소수민족인 위구르인 100만 명을 재교육 캠프에 강제수용한 것으로 알려져 논란이 된 이곳에서 공안은 시장, 학교, 모스크 등 일상생활의 전 영역에 감시카메라와 데이터처리 장비, 클라우드 저장 장치, 드론 감시 시스템을 설치해 주민들의 일거수일투족을 감시한다. 중국 당국이 신장의 감시 시스템에 투자하는 막대한 예산은 관련 기업으로 흘러들어가 이들 기업을 급성장시키고 기술을 더욱 업그레이드한다.

2019년 10월 8일 미국 상무부는 신장에서 위구르인들에 대한 인권 탄압에 관여했다는 이유로 메그비, 센스타임, 화웨이 등 여덟 개 기업을 블랙리스트에 올리고 미 상무부의 승인 없이는 반도체 칩 등 미국 첨단기술 부품을 살 수 없게 했다. 하지만 이들 기업은 계속해서 투자를 끌어들이며 여전히 승승장구하고 있다.

2021년 33세가 된 인치는 중국의 스타 기업인이다. 그는 2019년 홍콩《사우스차이나 모닝포스트》인터뷰에서 "알고리즘은 아름답고 명료하고 우아한 것"이라고 말했다. 신장에서 인권 탄압에 그 기술이 사용된다는 비판에 대해서는 "기술은 결코 잘못이 없으며, 책임은 사람이 져야 한다"고만 답했다. 메그비는 자신들은 민영기업이며, 정치적인 목적이 아닌 상업적인 용도에 초점을 맞추고 있다고 주장한다.

《 빅브라더 디스토피아 》

4차 산업혁명으로 각광받는 안면·음성인식, 인공지능, 빅데이터 기술은 감시 자본주의의 핵심이다. 실은 감시 자본주의가 중국에만 존재하는 것은 아니다. 구글, 페이스북, 인스타그램, 네이버, 카카오톡, 틱톡 등 수많은 첨단 정보기술 기업들이 '무료로' 서비스를 제공하지만, 실제로는 사용자들의 개인정보를 추출해, 개인들의 성향과 행동, 특징을 파악하고 상품화해 거액을 벌어들인다. 우리가 휴대전화, 에스엔에스, 금융 거래를 할 때 기업들은 그 사생활 정보를 빼내 광고, 쇼핑, 감시 산업의 재료로 삼는다. 의료, 금융, 자율 주행, 산업용 로봇, 물류 등에서 우리의 개인정보 빅데이터가 활용된다.

이 미래 산업에서 중국 기업들은 미국이나 다른 선진국 기업들을 제치고 선두 주자로 대약진했다. 우선 14억 인구에서 나오는 빅데이터를 기업과 정부가 제한 없이 활용하기 때문이다. 혼란을 두려워하고 안정을 원하는 인민이 감시 시스템이 등장한 뒤 범죄가 줄고 생활이 편리해지는 것을 반기는 측면도 분명 존재한다. 중국 당국은 범죄와 테러, 재난의 위험으로부터 시민들을 보호한다는 명분으로 세계에서 가장 강력한 감시망을 구축했고 이를 통해 수집되는 방대한 데이터는 중국의 인공지능 관련 산업에 다른 나라 기업들은 상상하기 힘든 유리한 환경을 조성했다. 당국은 주민들의 얼굴을 여러 각도에서 촬영하고 지문·홍채 정보까지 등록시키고 있다. '중국제조 2025' 정책을 통해 중국 정부가 대규모 자금을 이들 미래 산업에 전략적으로 투입하고 전폭 지원한 것도 이들 기업이 세계 최강으로 급성장한 동력이 되었다.

감시카메라, 안면·홍채인식 등 바이오 감시 기술과 관련해 2017년 한 해 동안 중국 기업은 530건의 특허를 출원해 미국의 96건을 월등히 앞섰다. 중국 밖에서 퉁팡이라는 중국 기업의 이름을 들어본 사람은 드물지만, 이 회사의 자회사인 눅텍Nuctech은 100개국 이상의 공항과 국경에 보안 검색 장비를 판매했다. 하이크비전은 2010년에는 매출 기준 세계 10위의 감시카메라 제조업체였지만 2016년에는 1위 업체가 되었다. 2018년 세계 20대 감시카메라 업체 가운데 여섯 개가 중국 기업이다.

더 철저히 감시하면 더 많은 빅데이터가 모이고, 기술과 산업은 더 급속도로 성장한다. 감시와 산업, 돈이 하나로 얽힌 위대한 신세계다. 2019년 저장성 항저우시의 한 고등학교에서는 안면인식 기술로 학생 개개인의 표정을 분석해 얼마나 수업에 집중하는지를 감시하고 있다는 보도가 나와 논란이 일기도 했다. 많은 공장에선 노동자들의 표정과 동작, 작업량을 실시간으로 분석해 얼마나 열심히 근무하는지를 감시한다.

시민이 견제·감시할 힘이 없는 중국에서 4차 산업혁명이 이처럼 감시 자본주의의 본질을 더욱 뚜렷이 드러내는 동안 기술은 더욱 급속하게 발전한다. 당, 기업, 권력, 질서는 언제 어디서나 당신의 일거수일투족을 파악하고 있다. 중국 당국은 한 단계 더 나아가 '사회신용시스템社會信用體系'을 구축하고 있다. 2018년부터 여러 도시에서 시범 실시 중인 이 시스템은 개개인의 일상 행동에 점수를 매겨 혜택 또는 처벌을 하는 개념이다. 교통법규 위반은 감점당하고 은행 신용도가 높으면 점수가 올라가는 식이다. 사회신용점수가 높은 사람은 은행에서 낮은 이자로 쉽게 돈을 빌리는 반면, 점수가 낮으면 취업이나 대학 입시에서 감점을 당하거나 비행기표 또는 기차표를 살 수 없게 된다. 실제로 국가발전개혁위원회는 2019년 6월 발표한 통계에서 사회신용점수가 낮은 이들에게 2682만 장의 비행기 티켓과 596만 장의 고속열차표 구매가 거부되었다고 밝혔다. 이 시스템이 전면 도입되면, 스마트폰, 감시카메라, 디지털 화폐 사용 정보를 결합해, 14억 인민의 모든 행동·이동·소비·금융·의료 정보를 파악해 개개인의 신용을 점수화할 수 있게 된다. 이론적으로는 국가가 한 사람의 이동 기록, 친구 관계, 지인, 책과 글 그리고 자료를 읽는 습관 등을 근거로 반정부 활동에 나설 가능성을 사전에 예측해 제재에 나설 수 있다는 전망까지 나온다.

우려의 목소리가 없는 것은 아니다. 2020년 9월 3일 장쑤성 쑤저우시 당국은 '쑤청문명코드蘇城文明碼'를 공개해 시민들의 활동을 근거로 신용점수를 매기겠다고 했다가 비난이 쏟아지자 9월 6

일 시범 운영을 중지했다고,《남방주말》(南方周末) 등 중국 언론들이 보도했다.

중국의 '빅브라더 디스토피아'에 대한 비판도 나오지만, 이 기술은 벌써 해외로 확산되고 있다. 일대일로를 따라 많은 국가의 정부들이 이 감시 기술을 수입하려 한다. 하이크비전의 감시카메라가 미군 기지에서까지 광범위하게 사용된 것으로 드러나 미국 내에서 논란이 일기도 했다. 메그비의 안면인식 기술은 중국 외에 한국, 일본, 동남아시아, 유럽, 미국에서도 사용되고 있다. 에티오피아, 케냐, 우간다, 모리셔스, 이집트, 키르기스스탄 등이 중국으로부터 인공지능 감시 시스템을 도입했거나 도입을 추진 중이다.

최첨단 인공지능 기술을 활용한 역사상 가장 강력한 감시 시스템은 중앙권력이 백성 개개인을 완벽하게 통제하려는 진시황의 이상을 현실로 구현하는 듯하다. 2014년 전국인민대표대회 60주년 기념행사에서 시진핑 주석은 "법을 받드는 이가 강하면 국가가 강해지고, 법을 받드는 이가 약하면 나라가 약해진다"고 했다. 2015년부터는 전면적 의법치국依法治國(법에 의한 통치)과 종엄치당從嚴治黨(엄격한 당 관리)을 강조하며 당에 대한 통제를 강화하고 1인 권력을 확립했다. 모든 권력자들이 꿈꾸었던 법가적 빅브라더 사회가 21세기 첨단기술로 실현되고 있다.

마윈

馬雲

돈키호테가 되고 싶었을까

"좋은 혁신은 규제를 두려워하는 것이 아니라 과거 방식의 규제를 두려워한다. 기차역을 관리하는 방식으로 공항을 관리할 수는 없다."

2020년 10월 24일 상하이에서 열린 와이탄금융서밋 연단에 선 마윈 전 알리바바 회장의 작심한 듯한 21분 연설은 엄청난 후폭풍을 몰고 왔다. 중국 최대 전자상거래 기업 알리바바와 핀테크(모바일 기반 금융 서비스) 기업 마이그룹蟻蟻集團(앤트그룹)의 창업자인 그는 중국 지도자들과 최고위 금융 당국자들 앞에서 전자금융 시대의 혁신을 따라가지 못하는 당국의 규제를 비웃고 질타했다.

"중국의 문제는 금융 시스템의 리스크가 아니다. 중국에는 제대로 된 금융 체계가 거의 없기 때문에 금융 시스템의 부재가 바로 리스크다. 은행들은 아직도 전당포식 사고를 계속하고 있다."

11월 2일 인민은행과 은행보험감독관리위원회 등 중국 4대 금융 당국이 마윈 전 회장과 마이그룹 경영진을 소환한 뒤, 11월 5일로 잡혀 있던 마이그룹의 홍콩·상하이 증시 동시 상장이 돌연 중단되었다. 단번에 370억 달러(약 40조 원) 이상을 모을 예정이던 역사상 최대의 기업공개는 무기한 연기되었다. 이 결정은 시진핑 중국 국가주석이 직접 내렸다는 보도가 나왔다.

마윈은 중국의 권력자들에게 도전한 무모한 돈키호테, 억압적 국가와 대결한 창조적 기업가일까.

마윈은 여러 차례 실패를 딛고 극적인 성공을 거둔 혁신가, 중국공산당으로부터 독립적인 기업가의 이미지를 만들어왔다. 항저우의 가난한 집에서 자라 대학 입시에 두 번 실패한 뒤 패스트푸드점인 케이에프시 면접에서도 떨어지는 등 취업에도 번번이 실패하다가, 세 번째 대입 시험을 치르고 사범대에 들어가 영어교사가 되었고, 이후 통역자로서 미국에 갔다가 인터넷에 눈을 뜨게 되었으며, 한 차례 창업에 실패한 뒤 1999년 빌린 돈으로 친구들과 함께 항저우의 아파트에서 알리바바를 창립해 중국을 대표하는 기업가로 성장했다는 신화다.

불과 21년 만에 그가 만들어낸 알리바바·마이 제국은 놀랍다. 2003년 그는 온라인 쇼핑몰 타오바오淘宝网를 시작했다. 구매자가 결제한 뒤 물품을 배송받고 구매를 확정할 때까지 결제 대금이 알리페이에 남게 되는 점에 착안해 이 돈을 기반으로 온라인 금융 사업을 확장해나갔다. 2014년 금융 분야를 알리바바에서 독립시켜 마이그룹을 출범시켰다.

마윈의 금융제국인 마이그룹은 모바일 결제와 대출의 두 영역으로 나뉘어 있다. 2003년 10월 쇼핑몰 타오바오의 결제 시스템으로 첫발을 뗀 알리페이(支付宝·즈푸바오)는 휴대전화 앱 결제로 발전해 중국인들의 생활 필수품으로 자리 잡았다. 중국의 디지털 결제는 2019년 세계 최대 규모인 201조 위안(29.9조 달러)으로 성장해 중국을 '현금 없는 사회'로 만들고 있는데, 마이그룹의 알리페이가 55퍼센트, 텅쉰腾讯의 위챗페이가 38.9퍼센트의 시장점유율을 보인다.

《 금융 공룡 》

마이그룹을 금융 공룡으로 키운 핵심 서비스는 모바일 앱 '화베이花呗'(써봐)와 '제베이藉呗'(빌려봐)를 통한 소액 대출 서비스다. 중국 국유은행들은 개인과 민간 중소기업들에 대출 문턱이 높기로 유명하다. 중국 당국이 국유은행들을 통해 국유기업들에 거액의 대출을 해주고 대규모 건설 사업 등 고정자산 투자를 하게 함으로써

2019년 9월 11일 저장성 항저우의 알리바바그룹 본사에서 열린
창립 20주년 행사에서 마윈이 알리바바 회장직에서 공식적으로 물러나면서,
손을 들어 작별 인사를 하고 있다. (신화=연합뉴스)

성장률을 끌어올리는 시스템을 유지해왔기 때문이다. 은행 대출을 받기 어려웠던 개인과 중소기업들은 휴대전화 앱을 통해 손쉽게 소액 대출을 받을 수 있는 마이그룹의 서비스에 환호했다. 앱으로 대출을 신청하면 몇 초 안에 대출이 이루어지는데, 마이그룹이 개인들의 전자결제를 통해 축적한 금융거래 빅데이터를 활용하기 때문이다. 마이그룹은 인공지능 시스템으로 신용한도와 이율을 자동으로 결정하고 있으며, 연체율이 약 1~2퍼센트에 불과하다고 밝혔다.

문제는 이 사업의 방법이다. 마이그룹은 전체 대출액의 1~2퍼센트 정도만 자체 자금으로 충당한다. 주로 고객들에게 빌려준 소액 대출 증서를 모아 자산유동화증권(ABS)으로 바꾼 다음 이를 담보로 은행으로부터 대출을 받는 과정을 반복하면서 사업을 키웠다. 이자율은 하루 0.04퍼센트 정도로, 연리로는 대략 15~16퍼센트나 된다.

엄격한 자기자본 비율 규제가 적용되는 은행과 달리, 마이그룹은 첨단기술 기업이란 이유로 규제를 받지 않았다. 대출을 원하는 고객과 은행 등에서 끌어들인 자금을 중개하는 플랫폼 역할을 하면서 중개료와 이자를 챙기고, 미래에 들어올 자금을 담보로 빌린 막대한 자금으로 폭발적으로 성장해 금융제국을 세웠다. 마윈의 금융 사업이 혁신이라기보다는 첨단기술의 외피를 쓰고 규제의 빈틈을 이용한 고리대금업이라는 비판이 나오는 이유다.

특히 마윈은 금융 서비스 이용자의 데이터를 활용해 사업을 전방위로 확대해갔다. 중국인 약 10억 명이 알리페이로 결제를 한다. 마이그룹은 2000만 개 이상의 중소기업과 약 5억 명의 개인에게 대출했다. 여기서 축적된 빅데이터를 활용해 마이그룹은 14억 거대 시장에서 소비자들의 수요와 물류 흐름을 꿰뚫어보면서 새 사업의 영토를 계속 넓혀갔다. 개인들은 불친절하고 이자도 낮은 국유은행에서 돈을 빼내 편리하고 이자도 높은 마이그룹의 서비스로 옮겼다. 중국인들의 일상적 소비와 금융을 공산당이 아닌 마윈이 지배하는 상황이 되어버렸다.

중국 당국의 경계심은 커졌다. 당국은 규제의 사각지대에서 과도하게 자금을 끌어들여 폭풍 성장한 마이그룹의 소액 대출 사업에서 문제가 일어나면 중국판 금융위기로 이어질 가능성을 우려했다. 무엇보다도 일개 민영기업가인 마윈이 14억 중국인들의 금융 생활과 정보를 과도하게 지배하는 상황을 더는 두고 볼 수 없다고 여겼다. 마윈의 금융 사업에 돈과 영향력을 빼앗긴 국유은행들도 마이그룹에 대한 공격에 가세했다.

2019년부터 당국은 마이그룹을 비롯한 핀테크, 첨단기술 기업들에 대한 규제를 준비하기 시작했다. 마윈의 10월 24일 연설은 폭발의 도화선이라기보다는 당국의 규제가 조여오는 것에 대한 실패한 반격이었다고 봐야 한다. 당국으로부터 기업공개 승인을 받았으니 '이제는 말할 수 있다'고 생각해 작심발언을 했으나

오판이었다.

마이그룹 상장을 무기한 연기시킨 당국은 곧바로 〈플랫폼 경제 영역 반독점 지침〉 초안을 내놓고 중국의 대표적인 빅테크 그룹들에 대한 본격적인 규제에 나섰다. 한국의 공정거래위원회에 해당하는 시장감독총국은 인터넷 영역의 시장 지배적 지위 남용, 부정경쟁 등 위법 행위를 허용하지 않겠다고 나섰다. 온라인 소액 대출에 대해서는 촘촘한 규제 장치들을 내놓았다. 대출 총액의 30퍼센트 이상은 자기자본으로 충당해야 하고, 일인당 대출 액수도 엄격히 제한했다. 이 규정을 맞추려면 마이그룹의 금융 산업은 대폭 축소될 수밖에 없다.

【 '위대한 부흥의 사명을 깨닫게 하라' 】

그렇다면 중국 지도부는 왜 이 시기에 마윈 길들이기에 나섰을까.

2017년 당대회에서 "모든 업무에 대한 공산당의 지도"를 강조한 '시진핑 신시대 중국 사회주의 사상'을 당헌에 명시한 이후 중국 당국은 민영기업가들에 대한 고삐를 바짝 조이기 시작했다. 월도프 아스토리아 호텔을 인수하는 등 전 세계적 확대 경영으로 주목을 받던 안방보험그룹의 우샤오후이吳小晖 회장이 2018년 체포되어 사기와 배임 혐의로 징역 18년 형을 받았고, 과도한 차입 경영으로 규모를 키운 밍텐明天그룹 회장이 실종되었으며, 하이난

항공그룹 회장은 추락사했다. 민영기업들에는 사내에 공산당 조직을 만들라는 지침이 내려갔다.

이런 폭풍 속에서도 마윈은 자신의 전 세계적 영향력이 너무 막강해 정부도 함부로 하지는 못할 것으로 판단했을 수도 있다. 마이그룹에는 장쩌민의 손자 장즈청江志成이 주도하는 보위캐피털을 비롯해, 중국투자유한공사, 태평양보험, 주요 은행들이 투자하고 있다. 마윈이 중국공산당과 지도부의 자산을 불려주는 역할을 해왔다고 볼 수 있는 대목이다. 마윈은 왕치산 부주석과 2018년 이스라엘을 방문하기도 했다. 마윈이 알리바바 본부가 위치한 저장성에서 오랫동안 당서기를 역임한 시진핑 주석과의 친분을 과시하곤 했다는 보도도 있다.

마윈은 세계를 향해 자신이 공산당으로부터 독립적인 자유분방한 기업가라는 이미지를 보여주려 애썼다. 그는 가죽재킷을 입은 로커나 드레스를 입은 공주로 분장한 채 공연을 하거나 자신이 주연을 맡아 무림 고수들을 무찌르는 내용의 단편영화를 공개하기도 했다. 2019년에는 알리바바 회장직에서 은퇴해 교육과 자선 사업을 하겠다고 발표했다.

하지만 미국과 중국의 갈등이 격렬해지면서 마윈을 비롯한 민영기업가들이 만들어온 회색지대는 좁아졌다. 2020년 9월 당 중앙위원회는 '신시대 민영경제의 통일전선 강화에 대한 의견'을 발표했고, 시진핑 주석은 민영기업가들이 중화민족의 위대한 부

用心 融入无形

마윈 알리바바·마이그룹 창업자가 2017년 영화
〈공수도〉에 출연한 모습.(사진=유튜브 갈무리)

홍의 사명을 깨닫게 하라고 강조했다.

사회주의를 표방하는 중국이 시장경제의 길로 나아간 이후 국가와 기업, 국유경제와 민영경제의 관계는 계속 민감하고 복잡했다. 몇 단계의 국유기업 개혁 과정을 거치면서, 민영경제는 세수의 50퍼센트 이상, 경제 생산의 60퍼센트 이상, 도시 노동자 고용의 80퍼센트 이상을 차지할 정도로 성장했지만, 21세기 들어 중국 지도부는 국유기업을 중시하는 쪽으로 점점 기울기 시작했고 '국진민퇴國進民退'(국유경제가 전진하고, 민영경제가 후퇴한다) 논쟁이 벌어졌다. 시진핑 시대 들어 2013년 11월 공산당 18기 3중전회에서 채택된 〈개혁의 전면적 심화에서 약간의 중대 문제에 대한 중공 중앙의 결정〉은 "국유경제의 주도적인 역할을 발휘시키고 국유경제의 활력·통제 능력·영향력을 끊임없이 증강시킨다"며 '국유경제의 주도적인 역할'을 강조했다. 국유기업은 중국공산당이 더 직접적으로 경제를 통제하는 수단이다. 사회기반시설 건설을 통해 성장률을 끌어올리고, 일대일로 정책을 통해 해외에서 영향력을 확대하고, 군사·금융 등 민감한 전략 분야를 집중 육성하기 위해 중국공산당은 국유기업에 막대한 투자를 집중했다.

미국과의 본격적인 패권 대결을 염두에 두고 전시 태세를 가다듬고 있는 중국 지도부는 제멋대로 행동하면서 공산당의 통제를 넘어 커지려 하는 민영기업을 다시 길들여야 한다고 판단했다. 미국이 중국의 약점인 금융 분야를 집중 공략할 것을 우려해, 마이그룹과 텅쉰 등 금융과 빅데이터를 장악한 기업들에 대한 통제의 고삐를 쥐어야 할 때로 판단한 것으로 보인다. 중국 인민은행이 2020년 전 세계 중앙은행 가운데 최초로 전자화폐인 '디지털위안'을 직접 운영하기 시작한 것도 마이그룹과 텅쉰이 장악한 금융 기능의 통제권을 다시 국가로 회수하는 작업의 일환이다.

《 중국 특색 자본주의 》

미국은 중국의 국가자본주의를 정면 공격하려 한다. 중국 경제가 발전할수록 공산당의 통제가 약화되고, 계획경제는 시장경제로 전환할 것으로 예상했던 미국의 계산은 틀렸다. '시진핑 중국 특색 사회주의 사상'은 중국이 서구식 모델이 아닌, 공산당의 지도와 국유경제의 우위를 유지하는 중국식 모델을 고수할 것임을 명백히 선언하고 있다. 미국은 중국의 국가자본주의가 기존의 시장경제를 위협한다고 주장한다. 미국 정부는 중국 정부의 집중적인 자금과 기술 개발 지원을 받는 국유기업들이 전 세계 시장에서도 민간기업에 대한 불공정 경쟁을 하고 있다고 비판한다. 2020년 《포춘》이 집계한 글로벌 500대 기업에서 중국 기업이 124개로 미국의 121개를 추월했는데, 그 가운데 91개가 국유기업이다. 미국은 중국의 국가자본주의가 일시적 현상이 아니며 기존 시장자본주의 체제를 위협하고 있다고 보고, 중국의 굴기를 반드시 꺾어야 한다고 선전포고를 했다. 중국도 국유기업을 강화하고 모든 역량을 집중해 반격에 나서고 있다. 자본주의 체제 내에서 미국식 시장자본주의와 중국식 국가자본주의의 우열을 가리는 체제 경쟁이 본격화되고 있는 것이다.

마윈은 2016년에 계획경제의 미래에 대해 의미심장한 예언을 한 적이 있다. "100년 넘게 우리는 시장경제가 최고의 시스템이라고 믿었지만, 앞으로 30여 년 안에 계획경제가 점점 커질 것이다. 빅데이터는 시장의 힘을 예측해 마침내 계획경제를 실현하게 할 것이다"라고. 중국공산당은 국유경제와 첨단기술을 결합시킨 21세기 계획경제로 미국을 뛰어넘는 위대한 중화 자본주의를 꿈꾸고 있을까.

런정페이

任正非

첨단기술 대장정

❮ 장막에 가려진 기업 ❯

1987년 홍콩과 맞닿은 중국 남부 광둥성 선전의 한 아파트에서 40대 퇴역군인이 작은 통신장비 회사를 열었다. 홍콩에서 걸려오는 전화를 연결할 수 있는 통신장비를 수입해 팔던 이 회사는 곧 자체 제작한 통신장비를 중국 각 지역에 판매하기 시작했다.

보잘것없어 보였던 이 회사는 33년 만에 중국의 미래를 짊어진 최첨단 기업으로 변모했다. 미-중 기술 패권 전쟁에서 미국의 핵심 표적이 된 기업, 화웨이다.

화웨이의 설립자이자 회장인 런정페이는 중국 남부 구이저우성 전닝현에서 교사 부부의 아들로 태어났다. 여섯 식구가 대약진과 문화대혁명의 와중에 가난으로 큰 고통을 겪었다고 런정페이는 회고한다. 그는 충칭의 대학에서 공학을 전공한 뒤 인민해방군 엔지니어가 되어 통신장비 개발 등에서 두각을 나타냈고, 1982년 전국인민대표대회의 대표가 되었다. 1980년대 중국이 대규모 군 인력 감축에 나서면서 군을 퇴역한 런정페이는 화웨이를 창업했다. 화웨이는 초고속 성장을 거듭했다. 인민해방군과 각 지역 지방정부에 통신 설비를 대규모로 납품한 것이 주요 동력이었다.

중국공산당, 인민해방군과 긴밀히 연결된 회사라는 의혹은 화웨이를 계속 따라다닌다. 1994년 런정페이는 장쩌민 당시 중국 국가주석을 만나, '자체 통신장비를 가지지 못한 국가는 군대 없는 국가와 같고, 기술 산업이 독립적이지 않으면 국가의 독립도 없다'고 역설했다고 한다. 미국 백악관은 2020년 5월 내놓은 대중국 전략보고서에서 화웨이의 기술은 인민해방군과 연결되어 중국의 군사력 강화에 이용된다고 했다. 그해 6월 미국 국방부는 화웨이를 "인민해방군이 소유 또는 지배하고 있으며, 미국에서 영업 활동을 하는 회사"로 지목했다. 화웨이는 런정페이 회장을 비롯한 10만 4000여 명의 전·현직 임직원들이 지분 100퍼센트를 보유하고 있으며, 정부와 군은 관계가 없다고 반박한다. 하지만 비상장사인 화웨이의 정확한 지분 구조가 공개된 적은 없다.

화웨이는 창립 10년도 안 된 1996년부터 해외 시장에 주목했고 러시아에 첫 해외지사를 연 뒤 브라질, 아프리카, 서유럽 등으로 영역을 확대했다. 2000년대 초반부터는 미국에도 진출했다. 중국 당국이 일대일로 정책으로 아시아와 유럽, 아프리카, 남미 등에서 대규모 기반시설을 건설하는 곳에는 어김없이 화웨이의 장비가 설치되었다.

화웨이는 끊임없는 기술혁신을 강조하며, 매년 수익의 10퍼센트 이상을 연구개발에 투자하는 것으로 유명하다. 2019년 말 기준으로 전 세계 화웨이 직원은 총 19만 4000여 명이고 이 가운데 8만 명 이상이 연구직이다.

《 따라잡기 시대는 끝났다 》

미국이 화웨이를 정조준하고 나선 이유는 미국 기업들이 5G 통신장비 경쟁에서 화웨이에 밀렸기 때문이다. 화웨이의 5G 장비는 경쟁 제품의 절반도 안 되는 가격에 뛰어난 기술력의 가성비로 경쟁자들을 압도했다. 미국은 중국공산당과 군이 거액의 보조금을 화웨이에 제공하고 해킹으로 훔친 미국과 서방 국가들의 첨단기술을 화웨이에 제공한 것이 화웨이의 비결이라고 주장한다.

화웨이 공방전의 본질은 미래 산업과 군사기술, 우주기술의 패권을 둘러싼 경쟁이다. 이 분야의 핵심인 인공지능, 자율주행차, 드론을 비롯한 무인전쟁 기술의 정보가 5G로 본격화된 초고속 정보통신망을 타고 이동한다. 미국과 소련의 냉전은 이데올로

중국 정보통신 기업 화웨이의 런정페이 회장(오른쪽)이 2015년 화웨이의
런던 지사에서 시진핑 중국 국가주석과 이야기하고 있다.(사진=연합뉴스)

기와 핵무기를 둘러싸고 벌어졌지만, 미국과 중국 사이 신냉전은 초고속 통신망과 반도체, 빅데이터, 인공지능, 양자컴퓨터의 우위를 둘러싸고 이미 시작되었다.

시진핑 중국 국가주석은 미-중 무역전쟁이 시작된 2018년부터 "세계는 100년 동안 볼 수 없었던 대변동(百年未有之大變局·백년미유지대변국)의 국면에 직면해 있다"고 강조했다. '100년 동안 볼 수 없었던 대변동'이란 이제 서구가 주도하는 자유주의 세계 질서가 쇠락하고 있고, 중국이 서구를 뛰어넘어 중화민족의 위대한 부흥을 실현할 기회를 맞이하고 있다는 판단에 근거한다.

19세기 후반 이래 중국은 발전된 서구를 뒤쫓아 모방하려 했고, 개혁개방 이후에도 수십 년간 미국이나 유럽, 한국, 일본의 발전 전략을 모방하는 '따라잡기 근대화'의 길을 달려왔다. 미국과 유럽 국가들이 2001년 중국을 세계무역기구에 받아들였을 때, 그들이 중국에 기대한 역할은 서구가 설계한 제품을, 서구에서 제조한 핵심 부품과 기계를 들여와, 중국의 저임금 노동력으로 조립해 수출하는 것이었다. 미국이 중국에 허용한 자리는 글로벌 생산 시스템의 맨 아래였다.

하지만 4차 산업혁명으로 기술 패러다임이 바뀌는 순간 중국은 가치사슬의 윗자리로 도약할 기회를 잡았다. 시진핑 시대 중국은 미국에 대한 첨단기술 의존을 줄이고 자국의 기술을 대약진시킬 프로젝트인 '중국제조 2025' 구상을 2015년에 발표했다. 정부의 적극적 지원에 힘입어, 중국 기업들은 5G 초고속 통신, 인공지능, 빅데이터를 활용한 얼굴·음성 인식, 전자결제 분야에서 미국과 유럽을 앞질렀다. 14억 인구의 빅데이터를 개인정보 보호 없이 무제한 활용할 수 있는 중국의 상황은 다른 어떤 국가도 가지지 못한 유리한 조건이었다. 중국은 '따라잡기 근대화 시대'는 끝났으며, 건국 100주년인 2049년까지 세계 최강대국으로 부상하겠다는 의지를 다지고 있다.

《 5G 전쟁 》

2018년 5월 미국 트럼프 행정부의 공세로 시작된 미-중 무역전쟁은 곧 첨단기술 분야에서 중국의 도전을 물리치려는 미국이 주도하는 기술 패권 전쟁으로 변했다. 2018년 12월 1일 아르헨티나 부에노스아이레스에서 트럼프 대통령과 시진핑 주석이 무역전쟁 휴전에 합의한 바로 다음 날, 런정페이 회장의 딸이자 화웨이의 최고재무책임자인 멍완저우가 미국 정부의 요구로 캐나다에서 체포되었다. 홍콩의 자회사를 내세워 미국의 제재를 위반하며 이란과 거래해왔다는 혐의로 미국이 그를 수배했기 때문이다.

　멍완저우 체포는 미국이 화웨이와 중국의 첨단산업을 정조준하는 신호탄이었다. 미국은 수출통제 규정을 계속 바꿔가며 두 방면에서 화웨이를 공격했다. 우선 미국은 화웨이 장비에 설치된

백도어를 통해 정보가 중국공산당과 정부에 넘어가 국가안보를 위협할 수 있다며, 세계 각국이 화웨이 5G 통신장비를 사용하지 말아야 한다고 압박했다. 미국이 이런 주장과 관련한 명확한 증거를 제시한 적은 없다. 전문가들에 따르면, 백도어는 프로그램 안에 존재하기 때문에 탐지가 어렵고 업데이트를 하는 과정에서도 추가될 수 있다. 미국도 이런 기술로 세계 각국의 정보를 감시하고 있다고, 미 국가안보국 전 직원 에드워드 스노든이 폭로한 바 있다. 미국이 전 세계를 감시해왔던 기술을 중국도 갖추자 미국이 본격적인 견제에 나섰을 것이다.

또 하나의 전선은 화웨이가 전 세계 기술 공급망에 접근하는 것을 차단하는 고사작전이다. 미국 상무부는 미국 기업이 화웨이에 반도체 등 첨단 부품을 파는 것을 전면 금지한 데 이어, 2020년 9월 15일부터 전 세계 어떤 기업도 미국 상무부의 승인 없이는 미국의 기술이나 소프트웨어가 들어간 첨단 반도체와 관련 설비를 화웨이에 공급할 수 없도록 제재를 가했다.

기술 패권 전쟁에서 미국의 무기는 중국에 비해 확실한 기술 우위를 유지하고 있는 반도체다. 전 세계 반도체 칩 설계, 반도체 생산용 소프트웨어와 핵심 장비, 기술은 모두 미국이 통제하고 있다. 미국의 제재가 발효되자 화웨이의 자회사인 하이실리콘海思半導体이 설계한 기린칩을 위탁 생산하던 대만 기업 TSMC를 비롯해 삼성과 하이닉스는 물론, 독일과 네덜란드의 반도체 장비 기업들까지, 세계 주요 반도체 관련 기업들이 줄줄이 화웨이와의 거래를 끊었다(컴퓨터용 반도체 일부는 미국의 승인을 받아 수출한다). 미국은 중국 최대의 반도체 파운드리 기업인 중신궈지中芯國際(SMIC)에 대해서도 거듭 제재를 강화해 미국 기술에 대한 접근을 차단하고 미국인들의 투자를 금지했으며 '중국군이 소유하거나 통제하는 기업'으로 블랙리스트에 올렸다.

광둥성 선전의 화웨이 본사에 은둔해 외부에는 좀처럼 모습을 드러내지 않던 런정페이 회장은 미국과의 전쟁을 진두지휘하며 "생존"을 강조하고 있다. 2020년 11월 화웨이의 중저가 스마트폰 브랜드 아너榮耀를 매각하면서 그는 "미국의 제재를 겪으며 우리는 미국 일부 정치인의 목적이 화웨이를 때려죽이는 데 있다는 것을 결국 명백히 알게 되었다"고 말했다. 화웨이는 미국의 제재에 대비해 사재기해놓은 부품과 반도체에 의지해 버텨나가고 있지만, 해외 시장에서 휴대전화와 5G 통신장비 사업 모두 큰 타격을 받고 있다. 영국, 일본, 프랑스, 오스트레일리아, 뉴질랜드 등은 화웨이 5G 장비에 대한 사용 금지 또는 퇴출을 결정했다. 반면, '미국의 부당한 공격을 받는 화웨이를 지키자'는 중국 국내 애국주의 소비는 화웨이의 버팀목이 되고 있다.

《 반도체 전쟁 》

트럼프 대통령은 화웨이 때리기를 무역협상에서 중국의 양보를 얻어내기 위한 도구, 대선 선거전의 슬로건 정도로 여겼다. 하지만 피터 나바로 백악관 산업정책국장과 로버트 라이트하이저 무역대표부 대표를 중심으로 한 트럼프 행정부 내 대중국 강경파 세력은 화웨이와 중국 첨단기술을 무너뜨리기 위한 전략을 줄기차게 추진했다.

바이든 행정부는 트럼프 정부가 중국에 대해 촘촘하게 쳐놓은 기술 봉쇄망을 활용하면서 반도체를 중심으로 한 첨단기술 패권 전쟁을 좀더 체계적으로 진행하고 있다. 바이든 대통령은 미국의 첨단기술 경쟁력을 높이기 위해 전기차, 5G 통신망, 인공지능 분야에 우선 3000억 달러를 투자하는 등 적극 지원에 나서겠다고 공약했다. 2021년 2월 바이든 대통령은 반도체 칩과 대용량 배터리 등 주요 산업에 대한 글로벌 공급망을 재점검하도록 행정명령에 서명했다. 4월에는 백악관 국가안보보좌관이 세계 주요 반도체 기업들을 화상으로 연결해 회의를 열었다. 이 자리에서 바이든 대통령은 반도체 제조용 와이퍼를 손에 들고 "미국이 반도체 패권을 되찾겠다"며 기업들이 미국에 적극 투자해달라고 했다. 21세기의 경제와 안보 판도를 결정할 전략물자가 된 반도체 산업에서 미국과 동맹국 중심으로 공급망을 재편하면서 미국의 기술 우위를 강화하려는 의도를 분명히 했다. 중국 정부의 기업 지원을 비판해온 미국 정부도 결국 자국의 반도체와 첨단기술에 대한 대규모 지원에 나선 것이다.

중국 정부가 2014년 이후 1조 위안(약 170조 원)을 자국 반도체 산업에 투입했고 시진핑 주석이 직접 발전을 독려하고 있지만, 중국 반도체 기술은 아직 세계 첨단에 비해 상당히 뒤쳐져 있다. 최첨단 초소형 반도체 생산 공정에서 경쟁의 핵심은 반도체 회로를 얼마나 가는 선으로 새기고 깎아내는지에 달려 있다. 2021년 상반기 상황을 보면, 삼성과 TSMC 등 첨단 기업들은 이 선의 굵기를 5나노(10억분의 1미터) 이하로 줄인 반면, 중국은 14나노를 생산하기 시작한 단계다. 중국의 반도체 자급률은 15퍼센트 정도로, 비메모리부터 메모리 반도체에 이르기까지 대부분을 수입에 의존한다. 중국 메모리 반도체 산업의 상징으로 정부의 전폭적 지지를 받아온 칭화유니紫光集团는 2020년 11월 이후 두 차례 만기가 돌아온 회사채를 상환하지 못해 디폴트를 선언했다. 정부 보조금에 의지해온 중국 반도체 산업의 외화내빈 부실이 드러났다는 평가가 나왔다.

미국의 중국에 대한 반도체 기술 제재는 2차 대전 직전 미국이 일본에 석유 공급을 차단한 것과 비견되기도 한다. 반도체 산업은 전 세계적으로 협업의 촘촘한 그물망으로 복잡하게 얽혀 있다. 미국·영국·한국이 설계하고, 대만과 한국에서 생산하고, 일본과 네덜란드가 첨단 장비를 공급하는 식이다. 지금과 같은 제재가 계속된다면 중국은 이 모든 것을 스스로 다 해내는 자력갱생을 실현해야 한다. 반도체는 기술 개발에 대단히 오랜 시간이 걸리고 공정이 극도로 복잡하고 세계적 네트워크로 이루어져 있는 생태계이기 때문에 중국이 단기간에 따라잡는 것은 불가능할 것이라고 많은 전문가들이 예상한다.

그러나 중국은 화웨이와 반도체 굴기가 상징하는 첨단기술 경쟁을 결코 포기하지 않을 것이다. 화웨이는 중국의 첨단기술 굴기와 시진핑 시대 중국몽의 상징이며, 미국 첨단기술에 대한 의존에서 벗어나지 못하면 중국은 패권 경쟁에서 결코 이길 수 없다는 것을 중국 지도부가 명확히 인식하고 있다. 중국공산당 창당 100주년인 2021년부터 시작되는 14차 5개년 계획(2021~2025)의 핵심은 중국이 국내 시장에 주로 의존(국내대순환)해 버텨내면서 첨단기술 독립과 고품질 성장을 반드시 완수하겠다는 것이다. 중국은 마오쩌둥 시대에 소련의 견제에도 불구하고 결국 '양탄일성兩彈一星'(원자폭탄, 수소폭탄, 인공위성) 개발에 성공한 것처럼, 미국의 공세를 이겨내고 결국 목표를 이룰 것이란 결의를 다지고 있다. 리커창 중국 총리는 "10년간 칼 한 자루를 가는 심정으로"(十年磨一劍·십년마일검) 반도체를 비롯한 첨단기술 개발에 총력을 다하겠다고 말했다.

중국 당국은 무차별적으로 반도체 관련 기업에 돈을 쏟아붓던 정책을 중단하고, 중앙정부가 직접 지휘권을 행사해 경쟁력 있는 핵심 기업을 집중 육성하는 쪽으로 전략을 수정하고 있다.

《 기술 냉전 막을 올리다 》

미국의 공세로 동맹국들이 중국과의 거래를 끊거나 세계가 두 개의 첨단기술 진영으로 갈라지는 상황도 오게 될까. 미국 의회는 중국 기업의 5G 통신기술을 사용하는 국가에는 미군과 미국 군사 장비 배치를 재고하는 조항을 국방수권법에 새로 넣었다. 미국과 동맹 관계를 맺고 있는 한국 등에 대해 첨단기술 분야에서는 중국과의 관계를 줄여야 한다는 디커플링(갈라서기) 압박이 강해질 가능성이 높다. 트럼프 행정부가 여러 나라의 기업 관계자들을 직접 불러 화웨이와의 거래를 끊으라고 요구했던 비 외교적 행태는 세계 각국에서 반발을 일으켰다. 하지만 트럼프가 구축한 화웨이 포위망을 고스란히 물려받은 바이든 행정부가 '중국의 인터넷 통제를 막자'며 동맹의 힘을 결집한다면, 점점 더 많은 국가와 기업들이 중국 견제에 동참할 것으로 보인다.

　　이현태 인천대 중어중국학과 교수는 "미국 첨단 기업들도 거대한 중국 시장과의 거래를 끊을 수는 없기 때문에 바이든 행정부의 중국에 대한 기술 제재는 5G 네트워크, 빅데이터, 인공지능과 금융 분야에 집중될 가능성이 높다"면서 "미-중이 모든 분야에서 갈라서기를 하는 것이 아니라 안보, 패권과 직결되는 통신네트워크와 금융 등 핵심 영역에서 갈라지는 '불균질한 디커플링'의 흐름이 강화될 것"으로 예상한다. 이익이 되는 분야에선 거래가 계속되지만, 물러설 수 없는 첨단기술 분야에서는 디커플링이 상당 부분 진행될 것이라는 의미다.

바이든 대통령은 미국 대선 전인 2020년 3월 외교전문지《포린어페어스》기고에서 "중국 또는 누구에 대항해서든 미래를 위한 전쟁에서 이기려면, 미국은 혁신 기술의 우위를 확고히 하고 전 세계 민주주의 국가들의 경제적 힘을 결집시켜야 한다"고 했고, 취임 뒤 이 구상을 빠르게 진전시키고 있다. 반면, 중국은 러시아를 비롯한 일대일로 참여 국가들을 결집해 화웨이 등 중국 첨단기업의 시장으로 활용하고, 금융 분야에서도 디지털 위안이나 위안화 결제 시스템을 확장해 미국 달러 결제 시스템을 통하지 않는 금융 블록을 만들려 할 것이라고 이현태 교수는 전망한다. 바이든 행정부가 한국, 일본, 대만, 유럽연합, 영국, 캐나다 등을 결집해 첨단기술 분야에서 미국 중심의 블록을 결성하고 중국은 러시아와 일대일로 국가들을 결합한 블록을 결성해, 첨단기술과 금융 분야에서는 두 개의 세계가 등장할 수도 있다.

미국과의 긴장이 한껏 고조된 2019년 5월 20일 시진핑 주석은 장시성 간저우의 대장정 출발 기념비를 방문해 "새로운 대장정을 시작해야 한다"고 선언했다. 1930년대 국민당군에 쫓긴 공산당 홍군이 1만 2500킬로미터를 행군한 대장정에서 살아남아 결국 승리한 것처럼, 이제 미국의 압박을 제2의 대장정으로 이겨내겠다는 결의다. 21세기 대장정의 최전선은 첨단기술이고, 이 전장에서 미-중의 물러설 수 없는 치열한 공방전이 세계를 뒤흔들 것이다.

런즈창

任志强

'벌거벗은 황제'를 비판하다

◤ 황제라고 우기는 벌거벗은 광대 ◢

코로나19의 우환이 중국을 뒤덮고 있던 2020년 3월 초, 한 편의 글이 중국을 뒤흔들었다.

"우한 폐렴이 폭발한 것은 언론들이 오직 당만 따를 때 인민은 버려지는 현실을 증명했다. (⋯) 온 나라가 위대한 영수의 연설에 환호작약하는 것은 중국이 다시 위대한 대약진의 시대로 들어서서 온 사방에 붉은 깃발을 휘날리고 붉은 서적을 높이 들고 '지도자 만세 만세 만만세'를 외치던 시대로 돌아간 것 같았다. 나는 호기심을 느끼며 진지하게 그 연설을 학습했다. 하지만 내가 그 안에서 본 것은 자신의 새 옷을 자랑하는 황제가 아니라, 벌거벗은 채 황제라고 우기려 하는 광대(小丑·소축)였다. 자신이 옷을 입고 있지 않다는 현실을 가리려 하면서 황제가 되려는 야심은 전혀 가리지 않고 있었다."

시진핑 중국 국가주석을 '황제라고 우기는 벌거벗은 광대'로 칭한 이는 국유 부동산 개발 회사 화위안그룹의 런즈창 전 회장이었다. 장문의 글에서 그는 시진핑 주석의 절대 권력 강화와 중국공산당의 코로나19 대처를 조목조목 비판했고, "중국공산당이 우매함으로부터 깨어나 개혁을 방해하고 있는 지도자를 바꿔야 한다"고 했다.

대담한 주장을 한 런즈창은 반체제 인사가 아닌, 중국공산당 내에서 영향력이 큰 고위 인사였다. 상무부 부부장(차관)의 아들로 태자당의 일원이며, 왕치산 부주석과도 친밀하다. 당 지도부에 대해서도 거침없이 쓴소리를 해온 그는 '런 대포'라는 별명으로 유명했다. 2016년에도 인터넷에 시진핑 주석의 언론 통제를 비판하는 글을 올렸지만, 1년의 관찰 처분과 에스엔에스 계정 폐쇄로 마무리되었다. 하지만 이번 글의 여파는 훨씬 심각했다. 그는 공산당적을 박탈당하고, 재산은 몰수되었으며, '공금 유용·뇌물 수수' 혐의로 징역 18년 형과 벌금 420만 위안(약 7억 3000만 원)의 중형에 처해졌다. 중국공산당 엘리트 내부, 특히 태자당 내부의 비판적 세력들을 향한 '누구도 봐주지 않는다'는 엄포였다. 공산당 내부의 특권 세력인 태자당 사이에서도 시진핑 주석에 반발하는 움직임이 커지고 있는 상황을 런즈창이 드러냈기 때문이다.

중국공산당과 정부·군에서 시진핑 주석의 권력은 절대적이다. 하지만 2018년 초 국가주석 임기 제한을 폐지해 장기집권을 가능하게 한 개헌과 미-중 무역전쟁, 2020년 코로나19 초기 대응 실패 등 주요한 고비마다 시 주석의 1인 절대 권력 강화와 강경 정책 노선에 대한 우려와 비판이 공산당 엘리트들 사이에서도 분출했다.

2018년 3월 전국인민대표대회에서 개헌을 통해 국가주석 임기 제한이 철폐되고 시진핑 사상이 헌법에 명시된 것은 개혁개방 이후 확립되어온 집단지도 체제와 권력 교체의 규칙을 뒤흔든 지각변동의 충격이었다. 리다퉁李大同 전《빙뎬》(氷點) 편집장이 인민대표들에게 부결권을 행사해줄 것을 요청하기도 했고, "위안스카이袁世凱는 개헌을 통해 합법적으로 황제의 지위에 올랐으나, 결국 사람들의 온갖 비난에 직면해야 했다"(물리학자 허쭤슈何祚庥)며 공개적으로 반대 의견을 밝힌 이들도 있었다.

쉬장룬許章潤 칭화대 법대 교수는 국가주석 임기 제한 철폐가 사실상 시 주석의 영구 집권 길을 터준 것이며, 이전까지 포용했던 토론의 공간까지 없애고 있다고 비판하는 글을 발표했다. 20년 넘게 칭화대에서 헌법과 형사법, 법 사상을 강의한 쉬장룬은 중국의 대표적인 개혁 성향 학자다. 코로나19 발원지인 우한에 대한 76일간의 봉쇄가 끝난 2020년 5월에도 그는 칭화대 동문들에게

코로나19가 우한에서 확산된 뒤 시진핑 중국 국가주석의 대응을 비판했다가
징역 18년 형을 선고받은 런즈창 화위안그룹 전 회장의 2012년 모습.(AP=연합뉴스)

보내는 공개서한 형식의 글에서 "극단적인 권력은 반드시 패배한다"며 "중국 지식인들은 생기를 잃었고, 중국은 정치 체제 문제를 고치지 않아 세계 여러 나라들로부터 외톨이가 되었다"고 했다. 두 달 뒤 공안은 그가 '매춘을 하려 했다'는 혐의를 씌워 체포했다가 일주일 뒤 석방했고, 칭화대는 그를 해고했다. 그는 베이징 외부로의 이동과 출국, 언론 접촉이 모두 금지된 상태다.

《 "그 사람을 물러나게 해야 한다" 》

2020년 6월 "중국공산당 상무위원회가 '그 사람'을 물러나게 해야 한다"는 공산당중앙당교 퇴임교수 차이샤蔡霞의 음성 녹음이 공개되었다. 중앙당교는 중국공산당 간부들을 교육하는 기관이며, 차이샤는 법학자이자 중국공산당원으로서 오랫동안 간부들에게 강의를 해왔다. 공개된 녹음 파일에서 그는 시진핑 주석과 측근들이 2017년 19차 당대회 폐막 이틀 전에 급작스럽게 국가주석 임기 제한 철폐를 담은 헌법 개정안 통과를 강행했다고 주장했다. 당내의 충분한 검토와 논의 없이 시 주석과 측근들이 비밀작전처럼 밀어붙였다는 폭로다. "헌법 개정은 당 내부 절차에서 명백하게 불법적이었다. 그(시진핑 주석)는 19차 당대회를 인질로 잡고, 대회가 끝나기 이틀 전에 성급하게 임기 제한을 없애버렸다. 그는 당대회에 있던 모든 사람들이 수정안을 삼킬 수밖에 없도록 강요했다. 당은 이미 정치적 강시僵屍가 되었다. 칼자루와 방아쇠를 쥔 것은 중앙의 지도자 한 사람이다. 그는 9000만 당원을 노예로 만들었고, 그의 개인적 이익을 위한 도구로 만들었다." 그는 "시(진핑)는 범죄조직의 두목이 되었다. 누가 나서서 이런 위기의 국면을 구할 수 있을지 불가능하다. 출구는 이 사람을 내려오게 해서 2선으로 후퇴해 노후를 보내게 하고 어지러움을 바로잡아 정상을 회복하는 것이다. '이 사람'을 해결하지 못하면 이 체제는 자유낙하하여 5년 안에 중국은 대난세를 맞이하게 될 것"이라고 주장했다. 당내 개혁 세력들이 시진핑 주석을 물러나게 함으로써 중국공산당의 정책 노선에 변화를 만들어야 한다는 요구다.

공산당 간부들을 교육하던 차이샤는 어쩌다가 이토록 강한 어조로 시진핑 주석에 대한 비판에 나서게 되었을까. 현재 미국에 머물고 있는 그는《포린어페어스》2020년 12월호에 "실패한 당" (The Party That Failed)이라는 글을 실어, 혁명가의 딸로 태어나 철두철미한 마르크스주의자로 평생을 살아온 자신이 어떻게 '당과의 결별'을 선택하게 되었는지 밝혔다.

그는 공산혁명에 참여해 당 간부가 된 부모에게서 태어나 17세에 인민해방군에 들어갔으며, 문화대혁명 이후 당조직에 선발되어 교육을 받고, 1998년 박사학위를 받은 뒤에는 중앙당교 교수가 되어 20년 동안 간부들에게 강의했다. 그는 언제나 중국공산당의 노선에 너무 헌신적이어서 동급생들로부터 '마르크스 여사'

라는 별명으로 불렸다. 그는 "사회주의의 목적은 개인을 해방시키는 것이라는 마스크스 철학을 신뢰"했으며, "중국이 공산당 안의 민주주의를 실현할 수 있으리라는 것, 그리고 장기간의 과정을 거쳐서 헌정 민주로 가게 될 것이고, 중국에도 언젠가는 의회와 진정한 야당도 생길 수 있다는 신념을 간직했다"고 말한다.

"2012년 시진핑이 권력을 잡았을 때 나는 희망에 가득 차 있었다"고 그는 회고한다. "10여 년의 정체의 시기를 지나 중국공산당은 그 어느 때보다도 개혁이 필요했고, 변화를 원한다는 신호를 보내온 시진핑은 그것을 이끌 사람처럼 보였다." 하지만 기대는 곧 큰 실망으로 변했다. "그의 임기 동안 정권은 잔인하고 무자비하게 권력을 쥐고 있으려는 정치적 과두집단으로 타락해갔다. 더욱 억압적이고 독재적으로 변했다. 이제 시진핑은 개인숭배에 둘러싸여, 이데올로기에 대한 당의 통제를 강화하고, 정치적 발언과 시민사회의 공간도 없애버렸다."

그는 2016년 런즈창이 시진핑의 언론 검열을 비판했다가 반당분자로 비판받는 것을 보고 혼란스러웠다고 한다. 이후 런즈창을 옹호하는 글을 온라인에 올렸다가 직장과 공안의 위협을 받고 미행을 당했다고도 했다. 이어, 그해 5월 환경과학자인 레이양이 장모를 마중하러 공항에 갔다가 알려지지 않은 이유로 베이징 공안에 구금된 상태에서 사망한 사건이 벌어졌다. 공안은 레이양이 성매매를 하려 했다는 누명을 씌우고 레이양의 가족을 압박했다.

이 두 사건을 계기로 차이샤는 "20여 년 동안의 주저와 혼동과 참담함 끝에 당과 완전히 결별하기로 했다"면서 "시진핑의 거대한 후퇴 때문에 나는 더는 다른 선택지가 없었다"고 했다. 그는 여행 비자로 미국에 간 뒤 런즈창이 18년 형을 받았다는 소식을 들었고, "공산당은 정치적 강시가 되었다"고 친구들과 온라인에서 나눈 대화 내용이 동의 없이 공개된 것을 알았다. 그는 당에서 축출되었다.

【 다양성은 불안정이다 】

장쩌민·후진타오 시대까지 중국공산당 내의 개혁파들은 정책 노선에 대해 비판하고 이의를 제기할 수 있었다. 중국이 위기를 돌파하기 위해 어떤 길로 가야 할지를 둘러싸고 마오주의 좌파, 신좌파, 자유주의자, 민주사회주의자 사이에서 치열한 논쟁도 벌어졌다. 시진핑 주석과 측근 세력(시자쥔)은 다양성을 불안정 요소로 여기고 사상 통제를 강화했다. '시진핑 총서기를 핵심으로 하는 공산당의 영도'에 국가 전체가 복종할 것을 요구했다. 당내 엘리트 사이에서도 이견과 열린 토론의 공간은 사라지고, 민간의 사회운동가들은 투옥되거나 혹독한 탄압을 받았다.

쉬장룬 교수처럼 자유주의와 민주사회주의를 주장하는 지식인들 가운데 중국이 가는 길에 대한 우려와 비판의 목소리를 포기하지 않는 이들이 있다. 런즈창과 차이샤 같은 공산당 지도부 내부의 태자당 세력에서도 시 주석의 정책 노선에 대한 반대 목소리가 나오자, 중국공산당은 충성을 부쩍 강조하고 있다.

2021년 2월 20일 시진핑 시대의 이데올로기를 총괄하는 왕후닝 상무위원 주재로 '화궈펑華國鋒 탄생 100주년 기념 좌담회'가 열린 것은 이례적 신호로 여겨졌다. 화궈펑은 마오쩌둥의 후계자였지만 덩샤오핑과의 권력투쟁에서 패배해 공산당 역사에서 거의 잊힌 인물이었다. 화궈펑은 특히 마오 주석 사망 뒤 '마오쩌둥의 결정은 모두 옳다'는 양개범시兩個凡是를 주장했다. 이 좌담회에는 류샤오치劉少奇의 아들인 류위안劉源, 마오쩌둥의 손자 마오신위毛新宇 등 태자당의 주요 인물들이 참석했다. 태자당의 일원들은 자신들이 시진핑과 동등한 국가 지도자의 자격을 가지고 있다고 여기고 있고, 시진핑의 측근 세력에 밀려 홀대를 받는다는 불만도 적지 않은 것으로 알려져 있다. 시진핑 주석과 측근들이 화궈펑을 내세워 이들에게 시진핑 주석에 대한 절대적 충성을 강조한 것으로 해석된다.

반면, 신자유주의 도입에 따른 불평등을 비판하고 대안을 모색하던 많은 신좌파 학자들은 점점 더 당과 국가의 역할을 긍정하면서 시진핑 체제의 동맹 세력으로 변했다. 신좌파의 대표적 학자로 한국을 비롯해 해외에 잘 알려진 왕후이는 2020년 4월 "혁명적 인격과 승리의 철학"이란 글을 발표해 레닌과 마오쩌둥을 예로 들며 사회주의 이상을 실현하는 강력한 카리스마 지도자의 권력을 지지했다. 자유주의 학자 룽젠은 반박문을 써서 "왕후이가 국가주의를 긍정하고 시진핑의 개인 권력 강화가 중국을 강하게 했다고 주장하면서 지적인 엄격함을 잃고 시진핑과 권위주의 사상에 영합하고 있다"고 비판했다.

국가의 이익을 절대화하고 국가를 위해 개인의 권리를 제한해야 한다는 독일 정치학자 카를 슈미트의 사상이 신좌파 지식인과 좌파 민족주의자들 사이에서 영향력을 넓혔다. 나치의 이론적 기반을 제공했던 슈미트 사상을 받아들인 좌파 민족주의자들은 국가가 사회와 시장을 통제하는 중국의 상황이 서구의 규제받지 않는 시장주의보다 우월하다고 강조한다. 서구가 제국주의와 고삐 풀린 자본주의를 대표한다고 주장하면서 중국이란 국가가 이들에 맞서 승리하기 위해 국내 분열 세력을 탄압하고 권위주의를 강화하는 것을 정당화하는 국가주의 사상이 중국 사상계를 주도하고 있는 것이 지금의 현실이다. 대만의 사회운동가이자 작가인 브라이언 히오에는 《라우산》에 쓴 글에서 "1980년대와 1990년대 신자유주의와 시장에 맞서려 했던 중국 신좌파들은 당·국가의 권력을 강조하게 되면서 더는 국경을 넘은 노동자와 시민과의 연대나 중국 내부의 비정부 운동과의 연대를 추구하지 않으며, 중국과 서구의 패권 경쟁에서 중국의 승리를 열망하는 쪽으로 나아가고 있다"고 비판한다.

《 절대적 충성의 풍경 》

2021년 1월 11일 시진핑 주석의 측근인 천이신 중국공산당 중앙
정법위원회 비서장은 공안당국자 회의에서 "동방의 굴기와 서방
의 쇠퇴는 세계적 흐름이 되고 있고, 국제 정세의 변화는 중국에
유리하다"고 강조했다. 중국 지도부는 미국의 쇠퇴는 되돌릴 수
없으며, 중국이 몇 년 안에 미국을 경제적으로 추월할 것이고, 전
세계 국가들이 중국의 부상이란 현실을 받아들이게 될 것이라는
서사를 강조하고 있다.

　이런 강경론에 영합해, '미국의 쇠퇴, 중국의 부상'을 17세기
초 명·청 왕조 교체에 빗대 설명하는 이른바 '입관학入關學'도 유
행한다. 강력했던 명 왕조가 내부의 부패로 붕괴하는 동안 세력을
키운 청이 만리장성의 산해관을 넘어들어 와(入關) 명을 무너뜨린
것처럼, 힘을 키운 중국이 부패한 미국에 승리하는 순간이 다가오
고 있다는 주장이다.

　다분히 국내 여론 통제를 염두에 둔 요란한 '승리의 선전'은
시진핑 주석과 측근 세력들의 장기 집권 구상과도 연결되어 있는
것으로 해석된다. 2022년 말 20차 당대회에서 시 주석의 3연임을
확정해 시진핑 시대의 장기화를 이어가려면, '중국이 미국을 넘어
서기 위해 강력한 지도자를 중심으로 한 일사불란한 통치가 필요
하다'는 정당성의 확보가 중요하기 때문이다.

이론상 종신집권도 가능해진 시진핑 주석이 언제까지 중국을 통치할지에 대해서는 전망이 분분하다. 2022년 시 주석이 실제로 덩샤오핑이 설계한 2연임 규칙을 깨고 세 번째 연임에 나서게 될지, 또한 이때 후계 구도를 확정지을지 아니면 후계자를 확정하지 않고 더 장기적인 집권 의지를 보일지가 초미의 관심사다.

다음으로는 2027~2028년이 중요한 분수령이 될 것으로 보인다. 중국의 군사현대화는 2027년을 목표로 하고 있고, 이 무렵 중국의 국내총생산이 미국을 추월할 것으로 예상되기 때문이다. 군사현대화의 주요한 목표는 중국의 군사력이 대만해협에서 미국의 군사적 영향력을 차단할 수 있는 능력을 갖추는 것이다. 2027년 열릴 21차 당대회에서 시진핑 주석이 세계 1위에 근접하게 될 경제력과 군사력에 더해, 정통성을 드높일 수 있는 대만 통일과 관련해 더욱 강압적 조치를 취하면서 또다시 임기를 연장할 가능성도 거론된다.

나아가 중국공산당은 최근 2035년을 중국의 주요 프로젝트들이 완료되는 '중기 목표'로 강조하고 있다. 지금으로선 다소 무리해 보이는 추측이기는 하지만, 시진핑 주석이 2027~2032년까지 네 번째 임기를 마친 이후 정치적 영향력을 유지하면서 2035년까지 사실상의 통치를 하려 할 것이라는 전망이 나오는 근거다. 시 주석이 이때까지 국가주석이나 총서기직을 유지하지는 않더라도 중앙군사위 주석직을 내놓지 않고 군대에 대한 통제권을 유지함으로써 실제적인 통치를 이어갈 것이라는 시나리오를 떠올려볼 수 있다. 2035년이면 시진핑 주석은 82세가 되는데, 마오쩌둥도 82세까지 통치한 뒤 사망했다.

　시진핑 주석의 장기집권 구도가 형성되고 미국과의 패권 경쟁에서 전시 태세가 강조되면서 중국 내부에서도 정책의 문제를 지적하고 대안을 제안할 이들이 사라지거나 침묵하고 있다. 중국 내부 전문가들도 정책에 대한 토론과 반론이 제대로 이루어지지 않고, 시진핑 주석과 측근들이 원하는 보고만 올라가는 상황을 우려한다. 공산당 내부와 엘리트들 사이에 적지 않은 비판적 목소리가 잠재해 있더라도 단시일 안에 정책 노선 변화는 기대하기 어려운 상황이다.

　시진핑 주석의 이데올로그인 허이팅何毅亭 중앙당교 부교장은 시 주석의 67번째 생일인 2020년 6월 15일 공산당 이론지인《학습시보》(學習時報)에 "시진핑 신시대 중국 특색 사회주의 사상(시진핑 사상)은 21세기 마르크스주의"라는 글을 발표했다. 그는 시진핑 사상은 "세계 사회주의 500년 역사에서 가장 뛰어난 장"이라며 "시진핑 사상의 이론 가치는 세계 역사적 의미를 가지고 있다. (…) 시진핑 총서기는 우리나라와 세계가 직면한 중대한 문제에 대해 중국의 입장과 중국의 지혜 그리고 중국의 가치의 이념·주장·방안을 제시했다"고 했다. 절대 권력 아래서 중국이 잃고 있는 것들을 생각하게 한다.

보시라이

薄熙来

숙명적 라이벌의 긴 그림자

《 충칭의 실험 》

그날의 충격은 아직도 생생하다. 2012년 2월 6일 중국 최대 도시 충칭의 부시장 겸 공안국장 왕리쥔王立軍이 청두의 미국영사관으로 들어가 망명을 요청했다. 보시라이 충칭 당서기의 최측근으로 온갖 더러운 일을 도맡아 했던 해결사 왕리쥔은 보시라이 일가의 치부와 중국 지도부와 관련한 비밀 자료들을 가지고 갔다. 그의 망명 시도로 시진핑의 권력 승계를 막기 위해 보시라이 등이 쿠데타를 모의했음이 드러나게 된다. 중국공산당 최고지도부 내의 권력 암투가 만천하에 드러났을 뿐만 아니라 미국까지 얽히며 세계화되었다.

그해 11월 시진핑의 최고지도자 등극을 몇 달 앞두고 벌어진 이 사건은 시진핑 시대 중국이 나아갈 방향에 결정적 영향을 미쳤고, 지금까지도 어두운 그림자를 드리우고 있다.

보시라이는 시진핑의 영원한 라이벌이었다. 중국 고위 지도자들의 아들인 두 사람은 최고지도부의 집무실 겸 거주지인 베이징의 중난하이에서 함께 자랐다. 이들 '태자당' 도련님들은 자신들이 중국의 차기 지도자라는 의식을 가지고 성장했다. 시진핑보다 네 살 많은 보시라이는 1966년 문화대혁명이 시작되자 주요 홍위병 조직을 이끌었다. 앞서 1962년 아버지 시중쉰 부총리가 숙청되어 온 가족이 풍비박산을 겪고 나이도 어렸던 시진핑은 홍위병 조직에 끼지 못했던 것으로 알려져 있다.

문화대혁명이 끝나고 아버지 보이보가 복권되면서 보시라이도 시진핑과 마찬가지로 일찌감치 정치에 뛰어들어 랴오닝성 성장, 상무부장 등으로 승승장구하며 차기 지도자의 야망을 키웠다. 하지만 2007년 그는 일생일대의 좌절을 겪었다. 최고지도부인 중앙정치국 상무위원에 들지 못하고 충칭시 당서기로 좌천된 것이다. 그가 평생 자기보다 한 수 아래로 얕잡아봤던 시진핑은 이때 국가부주석이자 차기 지도자로 결정되었다. 보시라이는 과도한 정치적 야심 때문에 당내 적대 세력이 많았고, 이들이 보시라이의 상무위원 진입을 극구 반대했다고 한다.

이때부터 보시라이는 충칭 모델이라는 새로운 실험으로 전국적 관심을 모으며 정치적 재기를 도모하기 시작했다. 국유기업의 역할을 강화해 여기서 나오는 수익으로 저소득층을 위한 복지를 확대하는 것이 충칭 모델 실험의 뼈대였다. 농촌 주민들에게 도시 후커우(호구)를 주고 서민·노동자들을 위한 주택을 제공하는 등 복지를 확대하겠다고 했다. 정치적으로는 마오쩌둥과 문화대혁명의 유산을 활용했다. 주민들을 모아 혁명가요 부르기 행사를 열고, 관리와 학생들을 농촌으로 보내 농민들의 삶을 배우게 했다. 범죄조직, 그리고 이들과 결탁한 관리, 기업가들을 처단하는 범죄와의 전쟁을 대대적으로 벌였다.

'붉은 노래 부르기와 검은 세력 소탕'(唱紅打黑·창홍타흑)이 충칭 모델의 구호였다. 급격히 벌어진 빈부격차와 지나친 시장화의 부작용에 환멸을 느낀 서민과 좌파들은 여기서 희망을 보았다. 시장화의 부작용을 비판하던 신좌파 지식인들은 충칭의 실험을 적극 지지했고 일부는 직접 충칭으로 가서 참여했다.

충칭시 국유자산감독관리위원회 고문을 맡았던 추이즈위안崔之元 칭화대 교수는 당시 나와의 인터뷰에서 "충칭 모델은 민생 개선을 통해 내수 중심 경제발전을 모색하는 것"이라며 "국유기업 및 토지 개발에서 나온 수익을 민생 개선에 활용하는, 마오쩌둥과 덩샤오핑 사상의 장점을 결합한 실험"이라고 의미를 부여했다. 부패한 관리들을 혼내주고 서민을 위한 정치를 펼칠 '제2의 마오쩌둥'처럼 보였던 보시라이에게 대중은 열광했다. 보시라이

보시라이 전 충칭 당서기가 2013년 10월 25일 산둥성 지난고등인민법원에서 뇌물
수수와 권력 남용 등의 혐의로 재판을 받으면서 피고인석에 서 있다. (사진=연합뉴스)

는 이런 인민들의 지지를 결집해 공산당 내 자신에 대한 반대 세력을 압박하려 했다.

이 범죄와의 전쟁을 지휘했던 왕리쥔과의 사이가 틀어지면서 보시라이는 몰락하기 시작했다. 왕리쥔이 망명을 시도한 일주일 뒤 당시 시진핑 부주석이 미국을 방문했다. 시 부주석을 맞이한 당시 조 바이든 미국 부통령이 왕리쥔으로부터 미국영사관이 입수한 쿠데타 모의 증거를 건넸을 것으로 많은 이들이 추측한다. 시 부주석이 미국 방문에서 돌아온 이후 열린 전국인민대표대회 마지막 날인 3월 14일, 원자바오 당시 총리는 내외신 기자회견에서 보시라이를 겨냥해 "충칭시 지도부는 반성해야 한다"며 "정치 개혁이 성공하지 못하면 문화대혁명과 같은 역사적 비극이 다시 일어날 수 있다"고 경고했다. 다음 날 당국은 보시라이의 해임을 발표했다. 이후 진행된 재판에서 보시라이는 뇌물 수수와 권력 남용 등의 혐의에 대한 유죄 판결로 종신형을 선고받고 베이징 친청 교도소에 수감되었다.

《 쿠데타 음모, 불안을 남기다 》

왕리쥔 사건으로 반 시진핑 정변 음모가 드러나지 않았다면, 시진핑의 길은 달랐을지도 모른다. 야심가 보시라이, 저우융캉, 링지화令計劃, 쉬차이허우徐才厚, 4인방이 손잡고 공산당 지도부의 공식 결정을 뒤집어, 시진핑을 끌어내리고 보시라이를 최고지도자로 만들기 위해 쿠데타를 모의했다는 것은 중국공산당 지도부를 충격에 빠뜨렸다. 저우융캉은 정치국 상무위원이자 공안·정보·사법·무장경찰 기구를 관할하고 있었다. 실제로 그가 무장경찰 병력 일부를 움직였다는 소식이 있었다. 쉬차이허우는 공산당 중앙군사위 부주석으로 군의 지휘권을 가지고 있었다. 링지화는 후진타오 주석의 비서실장 격이었다. 후진타오 시기 중국 정치는 최고지도자의 1인 권력이 절대적이지 않은 집단지도 체제로, 아홉 명의 상무위원이 각자의 분야를 맡아 다스렸다.

우여곡절 끝에 집권한 시진핑은 정치국 상무위원들이 권력을 분점해 한 명이 야심을 품으면 혼란을 일으킬 수 있는 집단지도 체제의 부작용과 불안정을 경고하며 최고지도자인 자신에게 권력을 집중시켜서 공산당이 직면한 위기를 헤쳐가야 한다는 주장의 정당성을 확보할 수 있었다. 저우융캉, 보시라이, 쉬차이허우, 링지화와 관련된 모든 인맥을 제거하는 숙청이 끝없이 계속되었다. 이들과 연루되었다는 이유로 숙청된 관료들의 자리에 시진핑의 측근 세력을 임명하면서 시자쥔으로 불리는 시진핑의 측근 세력이 빠르게 당·정·군의 요직을 장악했다.

보시라이의 근거지였던 충칭시, 그리고 저우융캉의 세력하에 있었던 공안 분야에는 숙청이 더욱 집중되었다. 시진핑의 뒤를 이을 유력한 차세대 주자로 꼽히던 쑨정차이^{孫政才} 충칭 당서기는 2017년 19차 당대회 직전 부패 혐의로 체포되어 종신형을 선고받았고 그 아래서 공안국장을 맡았던 허팅은 기율 위반 혐의로 처벌받고 당적이 박탈되었다. 2018년 10월에는 중국 출신 최초의 인터폴 총재였던 멍훙웨이孟宏偉가 잠시 중국에 출장을 갔다가 실종되었다. 얼마 뒤 중국 당국은 그를 체포했다고 발표했고 멍훙웨이는 부패 등의 혐의로 13년 6개월 형을 선고받았다. 2020년 6월에는 충칭 부시장 겸 공안국장 덩후린이 심각한 당 규율 위반 혐의로 조사를 받으며 낙마했다. 충칭에 남아 있는 보시라이의 영향력과 공안기구 내 저우융캉의 영향력을 완전히 제거하려는 조치들로 보인다. 2021년 1월 27일에도 시진핑 주석은 중앙정치국 상무위원회 회의를 주재하면서 '안정 속의 위험에 주의하라'고 강조했다. 시진핑 주석의 권력은 대단히 공고해 보이지만, 도전자가 나타날 가능성을 계속 경계해야 하는 절대 권력자의 불안이 어른거린다.

《 시진핑 모델 》

보시라이가 남긴 충칭 모델의 유산도 주목해야 한다. 보시라이가 정치 무대에서 사라진 뒤에도 충칭 모델은 사라지지 않았다. 시진핑은 충칭 모델을 차용하고 전국적으로 확대해 시진핑 모델을 만들었다.

1978년 말부터 덩샤오핑의 시장화 노선을 따라 '먼저 부자가 되라'는 목표를 향해 달려온 중국의 발전 모델은 후진타오 시기 후반부부터 한계에 부딪혔다. 특권층에 막대한 부가 집중되었고, 저임금 노동력과 정부의 대규모 투자로 이룬 초고속 성장 뒤에선 부정부패에 대한 분노와 소외계층의 불만이 임계점을 향해 끓어오르고 있었다. 보시라이는 누구보다 민감하게 민심의 요구를 포착했다. 문화대혁명 시기에 대한 대중의 향수를 이용해 평등을 강조했지만, 대규모 투자와 경제성장 노선은 포기하지 않았다. 대중의 불만은 탐관오리를 벌하는 범죄와의 전쟁을 통해 발산시켰다.

보시라이가 선구적으로 보여주었던 대중동원 전략들이 시진핑 신시대에 변주되거나 더욱 강화된 형태로 등장했다. 시진핑도 보시라이와 마찬가지로 강력한 카리스마 지도자의 이미지를 만들어 권력을 강화하기 위해 마오쩌둥을 활용하고 있다. 그가 활용하려는 마오는 건국의 아버지이자 미국과 싸워 이긴 마오의 이미지다. '중화민족의 위대한 부활'이란 구호 아래 애국주의를 고조시켜 대중의 에너지를 동원하면서도 공산당에 위협이 될 만한 충칭 모델의 요소들은 제거했다. 대중 시위나 부유층에 대한 분노를 동원하는 부분은 허용되지 않는다. 첨단기술을 활용한 촘촘한 감시망으로 대중의 에너지를 통제한다. 보시라이가 펼쳤던 범죄와의 전쟁 대신 부패와의 전쟁이 계속되고 있다.

중국 딜레마

사회학자 장웨란은 2021년 1월《메이드 인 차이나 저널》에 실린 글에서 시진핑 시대의 정치적 변화는 시진핑 개인에 의해 벌어진 우연이 아니라 개혁개방 이후 정치적 역사의 결과라고 분석한다. 1989년 톈안먼 사태 이후 중국은 시민들이 정치에 참여할 공간은 차단하면서 잔혹할 만큼 불평등한 자본주의화를 추진했다. 중국식 신자유주의 아래 경제적 불평등이 극심해진 상황에서 이런 탈정치화 상황은 역설적으로 정치에 참여하고자 하는 시민들의 잠재적 열망을 더욱 강하게 만들었다. 이런 상황 위에서 충칭 모델이 시도한 '평등'의 구호와 대중동원의 결합은 사회 기층의 열렬한 지지와 에너지를 결집시켰다. 중국공산당 기득권층은 이를 위협적으로 여겼지만, 한편으로는 그 모델이 얼마나 유효한지도 목격했다. 시진핑은 2010년 12월 충칭을 방문해 보시라이가 마오쩌둥의 유산을 이용해 얼마나 열광적인 인기를 얻었는지를 직접 확인했다.

【 탐관오리를 타격하라, 의회를 공격하라 】

하지만 충칭 모델을 차용한 시진핑의 정책이 실제로 불평등한 분배와 극심한 빈부격차의 근본적 원인인 성장 모델을 바꿀 수 있을지는 미지수다. 마이클 페티스Michael Pettis 베이징대 교수는 중국의 경제적 성공은 노동자들의 낮은 임금, 저금리, 취약한 사회안전망, 역진세, 환경 파괴 등의 형태로 기업들에게 막대한 보조금을 제공하면서 생산에 비해 소비자들의 구매력이 턱없이 낮아 생기는 '높은 저축'을 대규모 투자에 활용하는 모델에 의존하고 있다고 설명한다. 중국 정부는 노동운동을 탄압하고 부동산 개발업체와 국유기업들에 낮은 이자로 큰 자금을 대출해준다. 개혁개방이 막 시작된 1980년대 중국 국내총생산에서 가계 소비가 차지하는 비율은 50~52퍼센트였지만 2019년에는 39퍼센트로 하락했다. 이는 주요 유럽 국가들의 60~65퍼센트, 미국의 72퍼센트에 비해 턱없이 낮다.

마이클 페티스와 매튜 클라인Matthew Klein은 『무역전쟁은 계급전쟁이다』에서 무역전쟁은 국가 간의 전쟁처럼 보이지만, 실제로는 은행가, 금융자산 소유자가 서민들을 상대로 벌이는 전쟁, 억만장자와 그렇지 않은 이들 사이의 전쟁이라고 지적한다. "중국 노동자들이 누려야 할 부가 엘리트 계층에게 이전되는 구조가 (노동자들의) 구매력을 억누르고 기업가에게 보조금을 주는 효과를 낸다. 이런 상황이 과잉생산된 물자를 만들어내고 주식, 채권, 부동산 가격을 올려 글로벌 경제를 왜곡시킨다. 중국의 과소 소비는 다른 국가의 일자리를 없애고 자산 가치를 부풀려 호황과 거품, 부채 위기의 악순환을 만들어낸다." 이런 구조에서 미국과 중국의 기업가, 정치 엘리트들은 공생 관계이며, 이들은 불평등한 구조를 바꾸는 데 저항하고 있다.

중국은 2028년게 미국을 추월해 세계 1위의 경제대국이 될 것이란 전망이 나오지만, 지니계수는 0.46~0.49로 매우 심각한 불평등의 기준인 0.4를 훨씬 뛰어넘었다. 이는 소득 불평등만을 계산한 것이며, 자산까지 고려하면 불평등 문제는 훨씬 심각하다. 2020년부터 중국에선 '네이쥐안內卷'(involution)이란 용어가 유행하고 있다. 원래 중국 근대 역사에서 아무리 노동력을 투입해도 1인당 생산성은 오히려 떨어지는 상태, 노동량을 무한 투입해도 생산성이나 노동자의 삶은 나아지지 않는 상태를 설명하는 학술 용어다. 996(오전 9시부터 밤 9시까지 주 6일 노동)의 장시간 노동에 시달리면서도 치솟는 집값과 불평등에 절망하는 젊은 세대에게 네이쥐안은 절박한 현실의 화두가 되고 있다.

충칭 모델과 이를 활용한 시진핑식 통치는 기득권층의 부를 줄여 보통 사람들의 몫을 늘리는 근본적인 개혁 대신, 대중의 불만과 분노, 강력한 에너지를 정치적으로 이용하는 포퓰리즘과 권위주의의 결합이다. 태평양 건너 미국의 상황도 마찬가지다. 보시라이와 시진핑의 권위주의와 포퓰리즘의 결합은 미국에서 벌어진 트럼프주의의 전주곡으로도 볼 수 있다.

시진핑은 "중화민족의 위대한 부흥"(Make China Great Again)을 외치고, 트럼프는 "미국을 위대하게"(Make America Great Again)를 외쳤던 것은, 두 제국의 포퓰리즘이 충돌하는 기묘한 광경이었다. 중국 지도자들은 "탐관오리를 타격하라"고 했고, 트럼프는 "의회를 공격하라"고 했다. "사령부를 포격하라"는 마오쩌둥의 구호가 다른 방식으로 변주되고 있다. 문화대혁명을 연상시키는 포퓰리즘의 세계화가 벌어지고 있는 것은 아닌지 질문을 던져야 한다. 더는 사회가 지탱하기 어려울 정도로 극심한 불평등을 해결하지 못한다면 이 수렁에서 헤어 나올 길이 보이지 않는다.

참고한 책

논문과 기사 등은 본문에 표기함.

구라다 도루·장위민 지음, 《홍콩의 정치와 민주주의》, 이용빈 옮김, 한울,
    2019.

그레이엄 앨리슨 지음, 《예정된 전쟁》, 정혜윤 옮김, 세종서적, 2018.

김호동 지음, 《근대 중앙아시아의 혁명과 좌절》, 사계절, 1999.

데이비드 샴보 지음, 《중국의 미래》, 최지희 옮김, 한국경제신문, 2018.

류영하 지음, 《방법으로서의 중국-홍콩 체제》, 소명출판, 2020.

리타 홍 핀처 지음, 《빅브라더에 맞서는 중국 여성들》, 윤승리 옮김, 산지니,
    2020.

마이클 페티스 지음, 《세계 경제의 거대한 재균형》, 김성수 옮김, 에코리브르,
    2013.

모리스 마이스너 지음, 《마오의 중국과 그 이후 1, 2》, 김수영 옮김, 이산,
    2004.

박홍서 지음, 《미중 카르텔》, 후마니타스, 2020.

백영서 지음,《중국현대사를 만든 세 가지 사건》, 창비, 2021.

베리 노턴 지음,《중국경제》, 이정구 외 옮김, 서울경제경영, 2010.

브랑코 밀라노비치 지음,《홀로 선 자본주의》, 정승욱 옮김, 세종서적, 2020.

아서 크뢰버 지음,《127가지 질문으로 알아보는 중국경제》, 도지영 옮김, 시
　　그마북스, 2017.

오노데라 시로 지음,《중국 내셔널리즘》, 김하림 옮김, 산지니, 2020.

오카모토 다카시 지음,《중국경제사》, 강진아 옮김, 경북대학교출판부, 2016.

왕샤오밍 외 지음,《고뇌하는 중국》, 장영석 옮김, 길, 2006.

왕후이 지음,《아시아는 세계다》, 송인재 옮김, 글항아리, 2010.

원톄쥔 지음,《백년의 급진》, 김진공 옮김, 돌베개, 2013.

원톄쥔 지음,《여덟 번의 위기》, 김진공 옮김, 돌베개, 2016.

이창휘·박민희 지음,《중국을 인터뷰하다》, 창비, 2013.

자오팅양 지음,《천하체계》, 노승현 옮김, 길, 2010.

전리군(첸리췬) 지음,《모택동 시대와 포스트 모택동 시대 1949~2009 상,
　　하》, 연광석 옮김, 한울아카데미, 2012.

제임스 A. 밀워드 지음,《신장의 역사》, 김찬영·이광태 옮김, 사계절, 2013.

조문영 외 지음,《민간중국》, 책과함께, 2020.

존 볼턴 지음,《그 일이 일어난 방》, 박신호·김동규·황선영 옮김, 시사저널사,
　　2020.

첸리췬 지음,《망각을 거부하라》, 길정행·신동순·안영은 옮김, 그린비, 2012.

케리 브라운 지음,《CEO 시진핑》, 도지영 옮김, 시그마북스, 2017.

팡팡 지음,《우한일기》, 조유리 옮김, 문학동네, 2021.

피터 C. 퍼듀 지음,《중국의 서진》, 공원국 옮김, 길, 2014.

필립 큔 지음,《중국 현대국가의 기원》, 윤성주 옮김, 동북아역사재단, 2009.

허자오톈 지음,《현대중국의 사상적 곤경》, 임우경 옮김, 창비, 2018.

헨리 M. 폴슨 주니어 지음,《중국과 협상하기》, 고기탁 옮김, 열린책들, 2020.

홍호펑 지음,《차이나 붐》, 하남석 옮김, 글항아리, 2021.

張博樹,《新全体主義の思想史》, 白永社, 2019.

Matthew C. Klein, Michale Pettis, *Trade Wars Are Class Wars*, Yale
University Press, 2020.

《習近平談治國理政》, 外文出版社, 2014.

중국 딜레마

© 박민희 2021

초판 1쇄 발행 2021년 6월 25일
초판 2쇄 발행 2021년 10월 18일

지은이   박민희
펴낸이   이상훈
편집인   김수영
본부장   정진항
인문사회팀 권순범 김경훈
마케팅   김한성 조재성 박신영 조은별 김효진
경영지원   정혜진 이송이

펴낸곳 (주)한겨레엔 www.hanibook.co.kr
등록 2006년 1월 4일 제313-2006-00003호
주소 서울시 마포구 창전로 70(신수동) 화수목빌딩 5층
전화 02-6383-1602~3 팩스 02-6383-1610
대표메일 book@hanien.co.kr

ISBN 979-11-6040-617-7 03300

• 책값은 뒤표지에 있습니다.
• 파본은 구입하신 서점에서 바꾸어 드립니다.